Brasas de la memoria

Colección: Licenciado Vidriera, 12

PUERTO, José Luis
    Brasas de la memoria : (reunión de poemas topográficos, seleccionada por María Sofía Urrutigoity de Heiremans) / José Luis Puerto. - Valladolid : Ediciones Universidad de Valladolid, 2024

    318 p. ; 19 cm. - (Licenciado Vidriera ; 12)
    ISBN 978-84-1320-311-9

1. Poesía española – Siglo XX-XXI I. Puerto, José Luis, aut. II. Urrutigoity de Heiremans, María Sofía, sel. III. Universidad de Valladolid, ed.

    821.134.2-1(460)"20/21"

José Luis Puerto

Brasas de la memoria

(Reunión de poemas topográficos,
seleccionada por
María Sofía Urrutigoity de Heiremans)

EDICIONES
Universidad
Valladolid

Licenciado Vidriera

© JOSÉ LUIS PUERTO, 2024
EDICIONES UNIVERSIDAD DE VALLADOLID

Diseño de cubierta: Ediciones Universidad de Valladolid
Motivo de cubierta: Caspar David Friedrich, *Paisaje en los Montes Gigantes*

ISBN: 978-84-1320-311-9
Dep. Legal: VA-535-2024

Preimpresión: Ediciones Universidad de Valladolid
Imprime: PODIPRINT - España

Un lugar donde se da el modo de visión que rescata a las cosas y a los seres de la confusión, de la ambigüedad, de las variaciones impresas por el roer del tiempo. Un lugar de unidad, en cuyo interior cosas y seres están recogidos sin estar aprisionados; comunicados sin estar encadenados, si sometidos a ninguna forma de continuidad forzada; donde parece estar cada cosa en sí misma, alojada en un cierto hueco que preserva su ser y lo señala, y que lo comunica al par con todas las demás. Ello es vivir, vivir verdaderamente.

MARÍA ZAMBRANO

Yo oigo siempre esa música que suena en el fondo de todo, más allá; ella es la que me llama

JUAN RAMÓN JIMÉNEZ

BRASAS DE LA MEMORIA

Espacio y tiempo. Siempre en una fusión inseparable. Urdimbre y trama de lo que tejemos, a lo largo de nuestro existir, de nuestro quehacer, de nuestra labor. Cada tiempo percibe el espacio de un modo. Y lo mismo le ocurre a cada ser.

He aquí, reunidos, textos poéticos, que, a lo largo de todo nuestro itinerario vital, hemos ido creando, hemos ido escribiendo.

Dan señales del mundo, pero, al tiempo y sobre todo, de nuestra visión del mundo y, también, de nuestro modo de estar en el mundo.

Lugares, estancias, moradas… configuran esas brasas de la memoria, brasas verbales que siempre hemos pretendido que se hallen atravesadas por el espíritu.

Pues no hay palabra que pueda revelar, manifestar, arder, iluminar el mundo, si no está atravesada por el espíritu, si no está impregnada de alma, si le falta ese temblor que experimentamos cuando accedemos a lo esencial.

Esta reunión de nuestros poemas topográficos (si tal calificativo puede otorgárseles), realizada por la sagacidad de la poeta y estudiosa argentina Sofía Urrutigoity, autora asimismo del texto que cierra el libro, quiere ser, sobre todo, una invitación.

Una invitación a quienes lean a habitar lugares, estancias, moradas…, trazados con nombres, impregnados por una escala que de continuo transcurre entre lo físico y lo anímico. Una invitación para que cada cual encuentre su ámbito propio, en el que más a gusto se encuentre, y, una vez en él, participe de la melodía de la fraternidad.

Una invitación –en un tiempo y en un mundo en el que hay tantos y tantos seres humanos sin lugar (expulsados de su paraíso o su jardín)– a descubrir que la palabra poética, si es tal, es una palabra hospitalaria, una palabra de todos y para todos.

(La Alberca, verano de 2024)

J. L. P.

(Queremos expresar nuestra gratitud al profesor de la Universidad de Valladolid y director de sus publicaciones Alfonso Martín Jiménez, por la invitación que nos hizo hace meses para editar un libro en la colección "Licenciado Vidriera"; así como al profesor y poeta David Pujante. Como también a la poeta y estudiosa Sofía Urrutigoity, tan buena conocedora de nuestra poesía, por la selección de los poemas y las sabias palabras de compañía que cierran el volumen.)

Lugares

(Ámbitos geográficos)

A María, en Villacidayo

En los campos de la principal y antigua
ciudad de León, riberas del río Esla.

JORGE DE MONTEMAYOR

MIENTRAS era tu rostro la ribera del Esla:
Ninfas junto a los chopos tejiendo primaveras,
Diana entre los desnudos brazos del buen Sireno,
Y Silvano que acecha con fuego en la mirada.

Ya poblaban tu sangre los endrinos, las urces,
Los majuetos, el soto con negrillos, carrizas,
Zarzales, altimoras, lecherinas. Invierno
De la edad que cercena tesoros de la infancia.

(*El tiempo que nos teje*, 1982)

SALAMANCA

En la piedra de Salamanca habitan doradas mieses
Y en ella las hogazas
Toman color de vivo fuego
Pulido en concordancias pitagóricas
O en latinos tratados
De humanidades o gramática.
En Salamanca arden las tardes
Con fuego de cinceles en serenas
Y clásicas fachadas
Incendiando medallones, arquivoltas,
Desnudos torsos de titanes y faunos
Y en amarillas lumbres
Deliran las riberas de los chopos del Tormes
Ofreciendo a los pausados cielos
Sus sonoras ramas,
Goteando por el corazón de cada hoja
Lágrimas verdes
De temblores y magias;
Y llamas de pináculos, de torres,
De choperas, de estatuas,
De columnas, de incienso,
Arden en fuegos seculares de perpetua memoria.
Filigrana es la lumbre. Todo es fuego.
Arde la luz en clara transparencia
Y traspasa a los seres
Con ingrávidas ascuas,
Vibra la luz en el silencio de los claustros
Y pósase en armónicos relieves
Cincelados con tino
En formas arquetípicas de rigor y dulzura.
Por el aire los pájaros coronan
Las cúpulas de alas
Y en el aire su vuelo

Transporta la ciudad a un firmamento
De quietud y reposo.
Aire diáfano de elevación transido,
Aire de luz que vivifica
De desnuda pureza la mirada.
Y fuego y luz y aire palpitan en tus vivas venas,
Armoniosa ciudad, dorada tal espiga,
Salamanca.

(*Un jardín al olvido*, 1987)

PEÑA DE FRANCIA

En la alta cima, donde está la Madre
Morena con el Niño en su regazo,
Tengo la parte hermosa
Del corazón primero.
A la alta cima, elevación purísima,
He ascendido de niño por atajos
Escarpados, estrechos,
Con repletas alforjas de emoción,
A encontrarme de frente
Con la raíz, la rosa,
La fontana suavísima de que mana la vida.
Y era duro ascender en las mañanas frías
Cuando la brisa helada de pequeños regatos
Nos atería el rostro
Y el cansancio crispaba
Las piernas infantiles,
Mas el pecho era todo llamarada,
Era fuego vivísimo
Que impulsaba a los pobres peregrinos
A subir a la cima
En que está la Señora que protege
Sus vidas olvidadas.
Y juntos ascendíamos gozosos
Entre pinos, chaguarzos, castañares,
Entre guijarros, piornos y pizarras,
A estar con la amantísima
Madre que nos besaba
El fatigado corazón.
En la alta cima, misteriosa y muda,
Entre rocas y riscos y canchales
Se encuentra —tan lejana-
Perdida mi niñez.

(*Un jardín al olvido*, 1987)

BATUECAS

Jardín sagrado en que se guardan vírgenes
Los trazos primitivos de la especie,
Enigmáticos ciervos,
Cabras y geometrías,
Signos
Que siempre nos convocan al origen
Olvidado tras siglos de rutina,
Pero también tras siglos
De repetir la vida en las secretas
Alcobas del amor.
Y volvemos a ti, jardín purísimo,
Que guardas el aroma del berezo,
Del madroño, la escoba,
Del chaguarzo, la jara,
Del piorno, de las urces;
Y en ti nos refugiamos bajo enhiestos
Árboles que en su sombra nos cobijan,
Cedros, cipreses, tejos,
Enebros, alcornoques…
                              ¿Cuántos seres
En tu entraña habitaron
Gozosos del principio de la vida?
De ellos solo nos quedan
Unos trazos y signos
En canchales y peñas
Que con mudo lenguaje nos reclaman
Y avivan el arder de la memoria.
Y tú, jardín secreto,
Acoges en silencio nuestros pasos
Y con tus aguas vivificas
Al que llega cansado
De las luchas del mundo.
Jardín para el retiro,

En tu entraña los monjes iluminan
Con su ascesis la dicha de vivir
Libres de cetro y oro
En un espacio puro, paraíso
Que agiganta a los hombres.

(*Un jardín al olvido*, 1987)

SAN MILLÁN DE LA COGOLLA

Queda aquel monasterio
En tierra de racimos,
En la suavísima ladera
Que baja hacia las viñas
Y nosotros, amor, peregrinamos
En busca de un paisaje
Aprendido en los libros,
Soñado en la remota
Noche de las palmeras;
Y en el verano de los tiernos pámpanos
Recorrimos la tierra ribereña
Sensual y fértil
Como diosa tendida
Y aprendimos los nombres de aquella geografía.
Mas he aquí que el paisaje
Soñado en una noche de quietud
No se halla en la ribera de las viñas
Ni en aquel monasterio del recuerdo.

(*Paisaje de invierno*, 1993)

RONDA

Ciudad de la ascensión,
Del vértigo, del aire,
De la luz dilatada,
Dime qué ángel roza
Con su ala tus tejas,
Tus calles, tu silencio;
Qué ángel en ti habita
Y tiene su morada
En tu escondida estancia.

Cuando te visité
Era angélico el aire,
Angélica la luz
Y angélico era el vértigo;
Por tu tajo ascendían
Con sus alas los ángeles.

Y rozaba mi rostro,
Mi corazón, mi pecho,
Suavísimo plumaje.

Ay, cómo te recuerdo,
Ronda, ciudad angélica.
Ay, si viniera en mí
El ángel a posarse.

(*Paisaje de invierno*, 1993)

DONCEL DE SIGÜENZA

En la antigua ciudad,
Recostado en la piedra, piedra él mismo,
Un caballero, llenos los ojos de tristeza,
Medita con un libro
Entre sus manos frágiles.
Lleva abiertas las hojas
Y él reposa callado
Tras tanto guerrear contra el infiel
En pasadas batallas donde encontró la muerte:
"Huye el tiempo y la vida
Del árbol otoñal ya se desgaja
Para pudrirse con las hojas secas
En el fangoso suelo de la muerte.
Huye el tiempo y nosotros
Nos vamos hacia el reino de ceniza
De la nada..."

(*Paisaje de invierno*, 1993)

DE VÍZNAR A ALFACAR

Testigos los olivos
Del llanto de tu sangre.
Ay, fuente de las lágrimas
Y de los mudos gritos
Del corazón.
Herida está la tierra
Desde aquel estallido
Contra tu pecho fértil.
Ay, fuente de las lágrimas,
Llora tu pena.
Mas se oye la canción
Que llega de tus labios
Y hace callar la muerte
Y ensancha la memoria
Y nos prolonga.

(*Paisaje de invierno*, 1993)

RIAÑO

Bajo el arco las casas y los montes
Se entregan a la luz,
Los árboles elevan
Su quietud hacia el aire.
La precaria armonía de este espacio
Que anegarán las aguas,
Espacio en el que visteis las estrellas
En la noche de estío,
Tendidos en los prados
A la orilla del Esla.
Valle de mansedumbre
Que anegarán las aguas
Y ahogarán el bramido
De las reses del tiempo y la memoria
Que rumiaban la hierba del recuerdo.
Valle del corazón
Que anegarán las aguas…

(*Paisaje de invierno*, 1993)

TOLEDO EN LA TORMENTA
(EL GRECO)

Desciende de los cielos
Sobre almenas y torres,
Sobre augusta ciudad
Trazada con el blanco de la plata,
La tormenta y su furia.
Entregada a su vértigo,
Al fuego de la luz y la tiniebla,
La ciudad indefensa entre los montes.
Cubre el cauce del río
Una honda oscuridad que niega el mundo.
¿En ese espacio estamos?
¿Quién habita en las fábricas labradas
Por las manos de maestros alarifes?
Arrebatadas luces
En torbellino encienden el espacio.
¿No veis los árboles, las plantas,
El caserío, las hierbas,
Fulgir en el color al que se entregan
Entre los intersticios de las sombras?
Está en nosotros, en nuestras estancias,
Ese espacio tormenta,
Ese vértigo oscuro, vertical,
Que iluminan las alas de la luz
De azul, de plata y verde.

(*Paisaje de invierno*, 1993)

CAPITAL DE PROVINCIA

Mas no hallé historia humana

CARLOS SAHAGÚN

Bajo la nieve la ciudad dormida
En sueño aletargado de palacios,
De iglesias y conventos
Y los arcos de piedra del pasado,
De sueños imperiales tan antiguos
Congelados en estas bellas formas
Tan curvas y alargadas pero llenas de tedio.
La ciudad bajo montes azulados:
Este aire luminoso
Que envuelve el transcurrir de nuestros días:
Ninguna historia humana
Bajo estas nieves lentas,
Bajo estos arcos de granito y plata,
Bajo tantos palacios con escudos
Y esgrafiados y torres
Y zaguanes e hidalgos.
Solo en el paladar de la memoria
Un poso amargo de ceniza,
La extraña certidumbre de seguir
Camino transitado
Y oscuro hacia la nada.

(*Paisaje de invierno*, 1993)

PALOMARES

Templos del aire, templos
Del reposo del vuelo.
Torres en que cobijan su quietud
Las recogidas alas.
Sobrias elevaciones hacia el cielo,
Hacia la luz, humildes
Estancias erigidas
Con adobe y con cal,
¿Qué pálpito guardáis en las pequeñas
Moradas, en los nidos
Que acogen amorosos los dones de la vida?
Santuarios campesinos
Circulares, cuadrados, de sobrias geometrías,
Qué poderoso anhelo
De elevación se alberga en vuestro espacio,
Qué mansedumbre habita
En vuestro reino de reposo. Alas
Recogidas guardáis en los cubiles
Hechos de obre barro.
Mutilados, sin alas,
Nuestro hogar es la oscura podredumbre.
Ay, si hacia el aire fuera nuestro vuelo,
Al encuentro del mundo,
Y tuviera descanso en vuestros templos
Recogidos, humildes, campesinos.

(*Paisaje de invierno*, 1993)

ESTELAS

Con ritos, con el canto, con la piedra
El hombre conmemora lo que pierde
Y graba en el granito
Letras, palabras, nombres
De todo lo que ha amado y se termina.
Diis Manibus sacrum
Antonius Alionus
Annorum LXXV
Hic situs
Sit tibi terra levis
Reza una estela escrita
En castro del poniente.
Cuánto amor albergado en las palabras
Que el tiempo deteriora,
Cuánto dolor depositado
En esos golpes de cincel
Que grabaron los signos con tristeza
Enfriada en los inviernos de la noche.
Consagrado a los dioses
Séate leve la tierra
A ti, *Antonius*, que yaces en sueño de granito,
Esculpida en tu olvido
Esa rueda simbólica
Con unos radios curvos que giran a siniestra,
Esa esfera mitral
Que te alumbró en tus días,
Que calentó la tierra,
Que maduró los frutos
Que fueron tu sustento
Y el de los que, apenados, escribieron
En la piedra tu nombre
Y el signo del vivir que os orientaba.

Ay, la frágil memoria
Sepultada en la tierra con el tiempo.
Levantemos estelas
Ya que todo se pierde.
Hay que conmemorar,
Grabar en el granito
Rosas, círculos, letras, redondeles
Que hagan girar nuestro recuerdo mudo
Con los signos marcados en la piedra
Por el cincel de nuestro amor. Estelas
Tenemos que erigir
En castros, promontorios,
En cruces de caminos transitados,
En los cerros guardados por los ríos,
En las vías que surcan los cipreses,
En el hito fugaz de la tristeza.

Es un campo de estelas la memoria.

(*Estelas*, 1995)

CASTRO DE PONIENTE

Laberinto de piedra.
Curva disposición de las murallas
Que conduce hacia el centro.
Y allí la elevación. Sobre los ríos
El espacio habitado
Por gentes que en las tardes
Miraban a las lumbres del ocaso.
Y en el fuego los ritos,
El grabar en la piedra las esferas solares,
La incisión en el rostro del granito
De palabras, caballos
En galopes inmóviles.
Promontorio en la junta de los ríos
Desde el que se divisan
Las aguas que caminan al tenebroso océano
Por un cauce de sombra,
Por un cauce de olvido.
Hubo en ese lugar
Nacimientos y cánticos,
Quehaceres destinados a prolongar la vida.
Mas aquellas murallas
No supieron parar
Al caballo del tiempo y se llenaron
De zarzales, de musgos, de maleza.
El río del olvido
Sigue su curso, fluye
Por entre peñascales y pueblos ateridos
Que han perdido memoria de sus cánticos,
De las celebraciones.
El sol se marcha y queda
La noche como un reino de tristeza.

(*Estelas*, 1995)

VISIÓN DE APOCALIPSIS

(Portada de la iglesia románica de Nuestra Señora de la Peña. Sepúlveda)

I

(Habla el coro de ángeles al Pantócrator)

Mientras dure la piedra
Al borde de las hoces de este río
Labrada por maestros hoy anónimos
Mas que en ella perviven con su sabiduría,
Este coro de ángeles
Proclamará tu majestad, Señor,
Formando en torno a ti
Una orla con sus alas,
Pues es para alabarte en esta piedra
Por lo que fuimos esculpidos cuando
La fe era una rosa que albergaba
El aroma del mundo.
Los maestros canteros cincelaron
Las formas que hoy te aclaman por tu nombre
Y todo es signo mudo
Para expresar tu plenitud, tu gloria:
Los cuatro evangelistas, tetramorfos,
Los veinticuatro ancianos de la tierra
Que tañen en la piedra sus instrumentos músicos,
El dragón traspasado por la lanza
Como bestia del mundo
Vencida por el ángel que, sobre él, lo atraviesa
Y nosotros los ángeles
En torno a ti por siempre
                                    mientras dure la piedra.

(*Estelas*, 1995)

MONLEÓN

Para Antonio Colinas

Los grajos acuchillan la tarde con sus quejas,
Con su ronco graznar
Tiembla la hoz del río,
Dan vueltas al castillo y coronan la torre
De negra majestad sobre las ruinas.
Por los caminos vuelven
Los carros con las cargas,
Con las cajas de fresas recogidas en junio
Por lentos campesinos de silencio y de espera.
Recinto amurallado,
Entramos por la puerta que conduce hacia el centro,
Junto a ella se levanta
Un verraco granítico,
El pasado remoto toma forma en la piedra,
El tótem protector contra el peligro
Mudo en su pedestal esta tarde de fresas.
Sentados en los poyos, los ancianos
Meditan con la luz de su mirada
La derrota del tiempo.
Las murallas en ruinas no defienden el castro,
Su desamparo expresa
Decadencia presente,
Esta tarde de junio, esta tarde de fresas,
De aromas del saúco en las hoces del río,
Mientras sola y sin quejas
Se va yendo la luz.

Aquí otro tiempo estuve
Cuando era adolescente,
Era un tiempo sembrado de latín y gramáticas.
Por caminos de robles y de cuarzos purísimos
Llegábamos a ver el pueblo amurallado,

Los grajos resonaban en la hoz
Lo mismo que esta tarde embriagada de fresas.
Sólo que ahora conozco
Que el tiempo nos derrota,
Cuando entonces creía
Que el paso por los años era de plenitud.

(*Estelas*, 1995)

BÓVEDAS PINTADAS

(San Isidoro. León)

Habitan los ganados la extensión de las bóvedas
Y la almendra bendice las dovelas del tiempo;
Los segadores trazan con sus hoces los círculos
De los panes solares que germina la tierra;
Atienden los pastores la llamada del ángel
Y el animal herido reposa por los claustros;
Maduran por septiembre las vides con sus frutos;
Los campesinos majan con manal el centeno
Y el color de los siglos pervive en las figuras.
Los reyes bajo laudas no contemplan los frescos
Y su muerte no es más que negación del aire,
De la luz, de los seres que habitan en las bóvedas.
En círculos se enmarcan los días y trabajos,
Se halla invertido el orden humano de la tierra:
Abajo en el silencio oscuro del granito
La majestad se pudre, arriba en la redonda
Plenitud de las bóvedas los siervos cobran vida,
Fuera del tiempo ejercen sus quehaceres humildes.
Todo es resurrección en formas y colores,
En trazos que nos hablan de otra luz que no es tiempo.
¿Qué mano ha rescatado de la noche a estos seres?
Se percibe un latido sagrado de otra música
Que se aloja en las bóvedas, en los muros pintados,
En el claro silencio del color, que es anuncio
De plenitud, de vida, de palabra.

(Estelas, 1995)

CONTEMPLACIÓN DE MAYO

(Desde el convento franciscano de Porta-Coeli de Zarzoso)

Allí el contemplativo,
En la tarde de mayo,
En ladera de encinas
Abierta a la extensión de los trigales,
Las montañas al fondo, Peña de Francia, Hastiala,
Y en el aire las nubes de tormenta,
La humedad y el aroma de las flores,
De chaguarzos y jaras, de hierbas con sus verdes
Nuevos, recién creados.
El vértigo del cielo es vértigo del alma,
El corazón montaña, cordillera del límite
Pues un temblor sacude la espera de la lluvia,
Que es calma y es quietud pero también anuncio,
Y los grises del aire se alojan en los ojos,
En las criptas más hondas del hombre que contempla.
Se halla el hombre en el centro
Del espacio, horizontes enmarcan su mirada,
En él confluye el mundo, los sembrados, los seres,
Las encinas, un árbol sagrado de otros días,
Las montañas, materia entregada a su estar,
Pues son elevación, anhelo de ser aire.
Recipiente es la tierra, también el que contempla
Y todo acude a él, la tormenta y sus ráfagas
De sonido y de luz;
Es vasija su ser y en él se alberga
El latido del mundo,
La encañadura de los trigos rítmicos,
El pastor refugiado con sus cabras
Bajo las ramas de la encina,
Las religiosas con sus rezos,
El alcotán que sobrevuela el ámbito
Del territorio en busca de su caza
Que es comunión y transmisión del vuelo
A la criatura devorada,
Las crestas de los montes, cordilleras,

Corazones de piedra hacia lo alto.
Umbral, puerta del cielo fue la tarde
Para el contemplativo
Y en él se alberga aún su misterio sagrado
Pues guarda la memoria de un fulgor cenital,
De un momento vivido para vencer el tiempo.
Todo era aroma en la humedad del aire,
También en la humedad de sus estancias;
Los árboles, las plantas y las flores,
Los tomillos, las jaras y los escaramujos
Fueron aire en el aire, como también las alas
Del alcotán de altanería
De caza, gravitando sobre las criaturas.
Y todo fue alianza y comunión
En la tarde de mayo,
La tierra con los árboles,
El aire con el vuelo de los pájaros
También con el aroma vegetal
De sembrados y plantas,
Las crestas de los montes con el cielo,
El pastor con el lento rumiar de sus ganados,
El fuego del relámpago y la lluvia
Con el espacio todo, vasija y recipiente.

Umbral, puerta del cielo fue el mundo aquella tarde,
No exilio, territorio, patria, albergue.
Allí el contemplativo
Con lo mirado estuvo en comunión
Y partícipe fue del gravitar del pájaro,
Del ritmo de los trigos, de las crestas rocosas,
Del rezo, del refugio del pastor,
De la caza altanera, del tránsito hacia el aire
Del aroma del árbol, de la flor, de la planta,
De la lluvia, el sonido y luz de la tormenta...
Y de aquella mirada
                    salió purificado.

(*Estelas*, 1995)

VISIÓN DE LAS RUINAS

(Convento de Santa María de Gracia, San Martín del Castañar)

1

En la tarde de julio
Fuimos buscando el valle:
Mejorana, chaguarzos, geometría quebrada
Del cuarzo por los suelos,
Los insectos zumbando en los bosques de robles.
Seguimos el camino
Entre tierra y chinarros,
Castañares tan frescos en los prados
Que pastaban las vacas con sus sones de esquilas.
Y en la mitad del valle,
En aquella ladera ensimismada
De pradales y robles y negrillos
Y de acequias y caños
Que desciende hacia el pueblo,
Vimos rotos los muros,
Quebradas las techumbres,
Hundido ya en la tierra el templete del agua
De aquel recinto sacro
Donde oraron los monjes.

2

Donde oraron los monjes
                    Hoy las zarzas
Hoy cornisas caídas, esgrafiados maltrechos
Hoy grietas que recorren la frente de los muros
Hoy lagartos que al sol su latir aletargan
Hoy boscaje en las sobrias estancias de otro tiempo.

Donde oraron los monjes
                    Trepan hiedras
Por el templo, los atrios y por el refectorio

Cuyo púlpito al aire predica desamparo,
Trepa el olvido por los muros. Los negrillos
Elevan su verdor hacia un cielo limpísimo.

Donde oraron los monjes
                    La maleza
Reina con el descuido de los hombres, del tiempo
Los signos se diluyen por entre los ramajes
Dovelas menos frágiles esperan las arcadas
El sueño busca un tiempo de oraciones y cánticos

Donde oraron los monjes.

3

Si algún día conociera
Las ruinas que en mí habitan:
Arquitrabes maltrechos, pechinas que al ceder
Hunden todas mis cúpulas,
Sillares en desorden que ya no forman muros,
Los muros tan derruidos
De este mi corazón.
Por qué sendas llegar al valle de mis ruinas
Cegadas por las zarzas, tupidas por los árboles
De un desamparo antiguo;
Dónde encontrar el valle
Tan lleno ya de sombras
En que mi monasterio se alberga tan oculto.
Erigir, levantar,
He aquí nuestra tarea,
Sobre ruinas, cenizas, sobre limos,
¿Mas con qué materiales sobre tantos despojos?
Convocar la memoria
Que desbroce la noche,
Que desbroce las ruinas, que desbroce la muerte
Y levantar los muros
De otro tiempo ya nuestro.

(*Estelas*, 1995)

(mujer oferente. Relieve ibérico de Osuna)

Quedaste detenida aquí en la piedra
Y la ofrenda del vaso ante tu pecho
Entrega es contenida en una forma
Que hoy nos es dado ver,
Que a nosotros se da, dioses del tiempo.
El perfil de tu rostro
Mira petrificado hacia otra edad,
Hacia ese espacio en el que la belleza
Se sobrepone a las constelaciones
De la muerte

(Señales, 1997)

(Siega Verde. Grabados rupestres)

Los trazos en la piedra
Se entregan hoy anónimos
Al abandono sin piedad del tiempo.
Los ganados contemplan
Ya desde la quietud
La marcha de las aguas al olvido.
Y todo es ciego aquí:
El erial, las pizarras y tanta lejanía.

Todo habla de la muerte

(Señales, 1997)

PAISAJE DE LAS MONTAÑAS DE SILESIA
(CASPAR DAVID FRIEDRICH)

Para Michael Bradburn-Ruster

Abandonamos la mirada
Hacia la inmensidad.
Un valle y otro valle se suceden
Velados por la niebla
Que, en sus lechos, es sábana y sudario
Ahora que todo es muerte en el invierno
Y que todo se encuentra recogido
En el cauce que espera germinar
Cuando el momento de lo oscuro pase
Y llegue el de la luz, que es salvación.
Ocupa el horizonte
La montaña elevada, majestad
Sobre el espacio que se nos ofrece
Y que desciende a lo profundo, donde
Habita lo enterrado que es promesa.
Ante la inmensidad
Nos detenemos.
La muerte de los árboles se muestra
En el desnudo limpio de las ramas
Y acude ante nosotros el despojo,
La corteza terrestre en sus arrugas
Que es materia indefensa
Por nadie poseída sino expuesta
A la desolación de estar ahí siempre
Y ser quietud sin tiempo y sin memoria.
Quisiéramos mirar a los adentros
Y ver nuestros abismos, nuestra sombra,
El momento sin nombre de lo oscuro,
El vértigo, el despojo que nos puebla,
Las arrugas del tiempo en nuestra sangre
Y esa desolación
De estar para la muerte.

(*Las sílabas del mundo*, 1999)

MONTAÑAS CANTÁBRICAS

(Curavacas y Espigüete)

Expresan la montañas
El tormento de Dios,
Sus grises moteados de verdura
Se entregan a unas líneas
Que cuestionan el orden,
Pues sus trazos reflejan
La sucesión del ánimo.
Pero ahora es quietud
Lo que estuvo entregado al dinamismo
Y es muñón la materia
Como masa deforme de quebrada
Cual se presenta a nuestros ojos.
Y esto es la creación,
Esto fue nacimiento antes de ser olvido,
Inconsciencia alejada
Del devenir del hombre,
Como fuera del tiempo,
Perfección que no es vida
Sino marca que muestra a nuestro transcurrir
Cuánto nos hemos alejado
De la naturaleza,
Cuánta es hoy la distancia entre el latido
De nuestro corazón
Y estas piedras que expresan el origen,
El vértigo que hubo en esa lucha
De Dios con la materia
Hasta hacerla muñón o forma pura
Atravesada por la luz celeste
Y entregada a la noche, tal el ritmo
Que la divinidad donó a la tierra.
Expresan las montañas
La orografía de mi corazón,
El vértigo de estar hoy en el mundo
Entregado a ser límite en el tiempo.

(Las sílabas del mundo, 1999)

BOSQUE DE ALISOS

Adentrarse de nuevo
En el bosque de alisos junto al río,
En la penumbra húmeda
Que crea bajo las copas y las ramas,
Tocadas por el don de la delicadeza,
Otro modo de espacio.
Sentirse allí en el centro
Junto a las aguas vivas
Que del tiempo nos hablan,
Mas también protegido de ese vértigo
Que nos dice que todo es transcurrir,
Pues hay otra manera
De estar en el latido,
Espacios que son nuestros, que nos llaman
Porque conocen nuestra condición
De exiliados, sin vuelta, del jardín.
Acude a esa llamada
Cuando sientas el vértigo
En las estancias de tu corazón,
Como yo hago esta tarde de verano,
En la que me he adentrado en el bosque de alisos
A curar las heridas de los filos del tiempo,
En busca de otro modo
De estar aquí en la tierra.
Hay lugares que salvan,
Ahora que, en este tiempo, estamos sin lugar.

(*Topografía de la herida*, 2021)

HELMÁNTICA REVISITED

quietas las torres en el cielo quieto

MIGUEL DE UNAMUNO

Esta ciudad a la que soy ajeno
Esta tarde que vuelvo a visitarla,
A recorrer sus calles que me traen,
Que me devuelven la memoria de
Tantas horas vividas,
Y a la que sin embargo estoy ligado
Por no sé qué alianza
De aquellos días ya lejanos, ya
Borrados de la vida, aunque no del recuerdo.
Y ahora la catedral
Surge sobre las aguas, se levanta
Sobre ramas desnudas del invierno,
Y de nuevo las torres
Me dicen si recuerdo aquellas tardes
De descenso hasta el río, hasta los chopos,
Aquellas tardes de contemplación
Al llegar el buen tiempo
En que el muchacho aquel que fui se ensimismaba
Con las aguas, el cielo y la verdura,
Cuando buscaba siempre soledad,
Un territorio propio
Donde poder edificar la vida
En aquella alianza del hombre y la belleza
Que la propia ciudad proporcionaba
Con la unión de arte y mundo,
De armonía, equilibrio y experiencia.
No respondo a las torres y me adentro
Por las calles oscuras, invernales,
En busca del recuerdo de momentos vividos,
De momentos dichosos

Que sean capaces de
Apaciguarme este dolor de hoy,
Esta herida indefensa que me sangra
Cuando vuelvo al lugar
En el que un día fui joven, en el que
Aprendí que los sueños
Dignifican la vida,
Lo mismo que el saber, si es verdadero.
Pero la noche llega
Y he de partir, no encuentro
Las respuestas que busco.
Las torres siguen quietas bajo el cielo estrellado.

(*Topografía de la herida*, 2021)

ÁVILA

Elevada en la cima de la luz
Te ofreces a los cielos
Con la corona hermosa
De tus murallas que peinan el aire,
Que defienden la ofrenda de la vida,
Que elevan el clamor de la palabra
A las moradas últimas.
Celebras en tu estancia desposorios
De la tierra y el cielo
Y tu afán de ascensión
Purifica las cosas, la mirada
Que se hace claridad
Y se integra en el mundo.
Hay en ti una quietud,
Un tiempo detenido
Que teje con silencio
La experiencia interior de quien contempla,
Lo mismo que esos lienzos
De las estancias íntimas
Se hacen en los telares más secretos
Por las manos más limpias
Y delicadas siempre.

Ahora me he de callar.
Solo te pido
Esa luz interior que en ti reside.
Necesito encender mi corazón
Con una nueva y más limpia mirada.

(*Topografía de la herida*, 2021)

OESTE

(*Visión desde el Portillo hacia Batuecas y Las Hurdes*)

La sucesión de líneas de los montes
Configura un paisaje japonés
Y pierde consistencia
En la medida en que la lejanía
Se apodera de curvas y de trazos;
Y todo se diluye
Hacia el punto de fuga
Como si de una aguada se tratase,
Pero a la vez parece que la mano
Del aire con su don de levedad
Hubiera intervenido en esta frágil
Proporción que la vista que contempla
Recibe con tan solo una mirada
Que sabe detenerse
Hacia el sur y el ocaso.
Y en este territorio
Difuminado y leve
Persisten la leyenda y el misterio,
Los mitos del jardín, de la pobreza,
Las noticias que tejen una fábula
Trazada con pinturas en las rocas,
Con petroglifos, con ascesis, con
Una vegetación que es paraíso.
La mirada percibe,
Acompañada por el corazón,
Aunque acaso también por la memoria,
Ese trazo esencial del oleaje
De unas curvas que escapan hacia el cielo,
Debajo de las cuales la materia
Se vuelve casi aire de tan pura,
Se vuelve casi olvido
La sucesión de líneas de los montes.

(*Topografía de la herida*, 2021)

HABLA FRAY LUIS DE LEÓN
DESDE LOS CALABOZOS DE LA INQUISICIÓN
EN VALLADOLID

Por mi fidelidad a la escritura,
Al espíritu vivo que transmite la letra
Y que en mí se hace carne
Cuando asumo el sonido y la armonía
Y el soplo que contienen,
Me encuentro aquí encerrado
Por quienes utilizan la condena
Y el dogma tan estrecho de algún Dios imposible,
El, Elí, Creador
Del cielo constelado que en la noche
Nos despierta esta ansia de ascender
Hasta las bóvedas celestes,
Lugar el más seguro
De poder contemplar el mundo todo
Y de estar al unísono con la divinidad
Y a través de su imagen
Con todo lo creado.
Por mi fidelidad a la escritura
Me encuentro aquí encerrado,
Yo, Luis, no más que un hombre que respiro,
Que puedo pronunciar con estos labios
Las palabras que albergan el secreto
De una revelación que nos ha sido dada
Y que yo me he atrevido a trasladar
A la lengua que hablamos, al vulgar
Romance que es la patria
Más verdadera que habitamos.
No es otro mi delito
Que esta fidelidad a un decir riguroso
Por el que ahora me obligan
A guardar un silencio no elegido.

Las letras y el espíritu conviven en las sílabas
Que todos alojamos en las celdas
Más hermosas del alma
Y en mí se han hecho siempre
Canto del corazón y la cabeza
Que solo en la armonía halla su territorio.
Y eso me tiene aquí,
En esta postración dictada por los jueces
De un tribunal que solo en la mordaza
De toda libertad
Encuentra la razón de su existencia.
Pero arde en mí el sueño de los nombres,
La herencia de las sílabas,
El anhelo de ser lo contemplado.
Cuándo será que pueda
Libre de esta prisión volar al cielo...

(*Topografía de la herida*, 2021)

CASTILLO DE MADROÑIZ

Una vez más las aguas
Como espejo del cielo
Y el monte como lecho de la luz.
¿Pero qué nos espera
Aquí en este baluarte
Al que la noche hundirá en las sombras,
En esa indefensión a la que todo
Se entrega con los últimos
Latidos de la tarde?
Conducen los pastores sus rebaños,
Conducimos nosotros
Un desamparo antiguo,
Las aves se hacen dueñas
Del cielo y de las aguas
Y el espacio del aire y de la tierra
Apenas si hoy aquí nos pertenece
Ya que vamos de paso a ningún sitio.
Pero sí la mirada
Recoge las encinas de estos montes,
Las riberas del río con sus líneas,
Los grises de la luz que nos revelan
Un misterio que nunca comprendemos.
Y no sabemos si alguien,
Centinela invisible
En el baluarte antiguo,
Recogerá siquiera nuestros pasos,
El desamparo que llevamos siempre,
Ese poco de luz
Que sea aún capaz
De avivar los rescoldos que nos queden
Del fuego desde siempre
                              que muy dentro llevamos.

(*Topografía de la herida*, 2021)

RÍO TORMES

Como si aquí las aguas no supieran
Su destino de mar y se estancaran
En busca de la imagen de las torres,
De los alisos, fresnos, del molino,
De los tejados, muros, de los chopos
Y quisieran saber
Algo de los sillares de esta puente,
De los arcos, del paso
Fugaz de carros y de transeúntes,
Algo de ese misterio
Que el tiempo esconde bajo la quietud
Tan aparente con que vemos todo.
Como si aquí las aguas
No quisieran hablarnos de la muerte
Ni del destino que de destrucción
Padece lo que está sujeto al tiempo.
Y en esta eternidad que es tan efímera
Hay una invitación –solo apariencia–
A ser hermanos de lo duradero.
Pero es mera ilusión,
                              nuestra figura
No resiste el reflejo de las aguas,
Como lo hacen las torres o los álamos,
Se va con la corriente, con el tiempo
A las riberas siempre de la pérdida,
A esa fusión oscura con la nada.

Solo somos hermanos de la muerte.

(*Topografía de la herida*, 2021)

ÁNGEL DE REIMS

También desde la piedra
Tú contemplas el mundo,
Ángel de la sonrisa;
Desde otro territorio que no es tiempo,
Que existe más allá de nuestro desamparo.
Sostienes con tu mano
Los pliegues de la tela, todo es gracia
En tu gesto, en tu rostro, en tu figura.
Requiere tu mirada una presencia
Dispuesta a hacerse cómplice
Del gozo y del misterio de tus ojos.
¿Hacia quién te diriges?
¿Dónde se halla el secreto
Que te lleva sereno a tanto júbilo?
Giras el cuello en busca de otro rostro
Tú que estás en lo alto
E inclinas tu cabeza acogedora
Hacia el suelo en que estamos, hacia el fondo
Donde yacemos en el limo
Y nos haces partícipes del sueño
Que alberga tu sonrisa.
Es una invitación.
¿Sabremos devolverte
Nuestra presencia
Para ser algún día plenitud?

(*Topografía de la herida*, 2021)

RÍO NÉCKAR

No he estado en sus orillas
Pero bien lo conozco.
Fluyen sus aguas por
Los versos del poeta más amado,
Hölderlin, el sublime,
Entregado a su sueño y su locura;
Y de ellas he bebido
Tras sentir el rumor
Hermoso de sus sílabas.
Sus márgenes han sido,
Lo mismo que su curso,
Benefactoras a la humanidad,
Pues ha surgido el canto desde ellas
Con los nombres más altos
Que pronunciarse puedan.
Hemos llegado tarde,
A un tiempo ya sin dioses,
Pero vibra en nosotros el fulgor
De los astros celestes
Y el rumor de las aguas que celebran
La melodía plena de la vida,
Y la tierra labrada
Como también la inculta
Disponen en nosotros de un espacio.
Sigue fluyendo, río,
Alberga en tus riberas
Los sueños más hermosos
Para la humanidad,
Los que expresaron Hölderlin o Schiller,
Los que bulleron en las luminosas
Aulas de Heidelberg;
Sigue arrojando luz
Y que habite en nosotros ese sueño

Tan hermoso del hombre:
El de la plenitud, el de la libertad,
El de sabernos destinados
Al paraíso hermoso de la vida,
A pesar de que el mal nos lo arrebate
Tantas y tantas veces.
No he estado en sus orillas
Pero bien lo conozco,
Fluyen sus aguas por
Algunos de los versos que más amo.

(*Topografía de la herida*, 2021)

(arribes)

para José-Miguel Ullán

Montes secos
Chicharras
Vertical es la tierra
El abismo y el cielo
Se necesitan siempre
Aquí
Nada es condescendencia
Todo va a la caída
¿También a la ascensión?
El vuelo
De almendros y de olivos
De raíz tan escasos
Habla de negaciones de la tierra
De lo imposible que es permanecer
Aquí
La sima de las aguas
El cielo de rapaces que devoran

(De la intemperie, 2004)

(badajoz)

Allí en la altura, en la
Devastación
De edificios y espacios,
Donde ya la alcazaba y sus murallas
No son capaces de
Convocar ni siquiera sugerir
Pasado ni esplendor alguno
Ni erigirse en defensa frente al tiempo,
Los traficantes bajo el sol de invierno,
Cargados de sustancias,
Esperan la llegada
De quienes compran dosis
Que transportan a la aniquilación,
Ajenos a las aguas,
A la belleza antigua de ese espacio
Hoy devastado, en ruinas,
Zoco ya sin memoria

(*De la intemperie*, 2004)

(*trevejo*)

Las tumbas en la roca
Ya vacías de cuerpos
Recogen hoy el agua de la lluvia.
El granito excavado
Muestra la anatomía en su oquedad
Y ya ni huesos quedan ni cenizas.
Las nubes en el agua
Entregan lo celeste a su reflejo
Como si sepultado
Se fuera a recoger, cuando se escapa.
Del hombre sólo el hueco
Formado en el granito permanece,
De su labor ya nada
Sino sillares del castillo en

la derrota del monte

(*De la intemperie*, 2004)

(*ara votiva*)

Aebura, hija de Atius,
Del pueblo occidental de los cilenos,
Como promesa al dios galaico
Coso, nuestro señor,
Le ofreció esta ara
De la que sólo quedan
Las letras como marcas
Que pudieran luchar contra el olvido,
El corazón secreto
Que alberga el granito en su humedad
Y esa melancolía
Por lo que ya no vuelve

(*De la intemperie*, 2004)

(losas)

"Aqui yace Catalina Sanchez quien dio la mayor parte de la limosna para envaldosar esta iglesia Año de 1770"

A Catalina Sánchez
Que yace en esta iglesia
Cuyo enlosado costeó
Para albergar la muerte,
Como unas letras dicen
Grabadas en la piedra que la cubre
Y que pisamos hoy en el concierto,
De la que solo quedan
Una fecha y un nombre

(*De la intemperie*, 2004)

(tesoro de Arrabalde. collar de plata)

¿En qué cuello lució
La plata de este torques
Que en espiral convoca la belleza?
¿Qué rostro sobre él
Contemplaba la vida?
¿Dónde fueron los ojos?
¿Dónde la luz aquella?
Da señal esta plata de otro tiempo
Que llega hasta nosotros con su enigma,
Con la ausencia de un cuello en que brilló
Por un momento sólo
La plenitud del mundo

(Proteger las moradas, 2008)

(*campo de almendros*)

Es el blanco, es la luz
Lo que esta tarde triunfa sobre el tiempo.
Es la iglesia de Melque,
Resurrección de ruinas
Y este campo de almendros
Que resurge ahora en marzo
A la orilla callada de estos montes.
Somos también nosotros.
Acaso nuestras ramas
Debieran florecer
Al contemplar la luz de estos almendros,
Las semillas erguidas de estos muros,
La protección del cielo a cuanto existe.
Es el campo de almendros.
Es la iglesia en los montes.
Somos también nosotros

(*Proteger las moradas*, 2008)

para Fernando Gómez Aguilera y Margarita

Fuego apagado aquí es la tierra,
Tierra de las entrañas de la tierra
Y palmeras, volcanes y las aguas
Que sostienen y cercan el espacio
Y esas casitas blancas, la morada
De las huellas del hombre.
Y está lo no visible,
Lo que yace debajo en la matriz,
Que fuera un día creador de todo.
Y está este cosmos afirmado
En su esencialidad
Como ofrenda a la luz,
A los cielos, al viento y a las aguas
Que sostiene sin más nuestra intemperie,
La melodía de nuestro dolor,
La humildad anhelante de la súplica.
Y la tierra apagada permanece
Con su nostalgia honda de lo oscuro,
Porque sabe que vino en el origen
De las entrañas de un anhelo
Que aspiró a ver la luz

(*Proteger las moradas*, 2008)

(ara de Bermellar)

Un padre invoca al Dios
Protección tutelar para sus hijos,
Le ofrece un ara y mira hacia los cielos
Desde el solar de su precariedad.
Y graba sus palabras
En primera persona, contraviene
La costumbre tribal de dirigirse
A las divinidades en tercera
Para hacer de la súplica distancia
Y evitar sólo así cualquier enojo
De los seres que moran en lo alto.
Iovi optimo maximo
Egma pater voto meorum.
Nada sabemos si hubo protección,
Llegan hasta nosotros
Las escuetas grafías de la súplica
Que hacemos nuestras para
Pedir de nuevo al Dios
Protección a los nuestros

(Proteger las moradas, 2008)

(*Unhais da Serra*)

En el camino hacia todo lo perdido
Montes herminios, sierra del azor
Donde la luz se escapa,
Donde hay un laberinto
Que nos lleva al origen,
Geometrías oscuras de pizarra,
Simas,
Vértigo antiguo de las cuestas,
Vida que ya no está, que ya es memoria
De pobreza y dolor,
De un paraíso
Precario
Devastado por todos los incendios.
Y en la terraza bajo plataneras
Junto a iconos termales,
Ante una taza de café,
Contemplas las montañas recorridas
Que quedaron atrás
Y haces recuento de
Todo lo ya perdido.
Porque está tu raíz
En el vértigo antiguo de la vida

(*Proteger las moradas*, 2008)

(mudéjar, seo de Zaragoza)

Es la belleza de los excluidos
La que se expresa aquí
En esta geometría
Trazada con el barro
Del ladrillo cocido
Y con incrustaciones de cerámica
Blanca, verde, marrón,
Que pueblan este cosmos
Surgido de las manos de alarifes;
Es la belleza que dejaron
Quienes serían expulsados de
Los espacios del reino.
Y permanece aquí
Con todo su fulgor,
Sobrepasando el tiempo
Y hablando de un lugar
Que hoy ya es posible que habitemos todos,
Pues el mundo es morada
Más allá de exclusiones y de dogmas

(Trazar la salvaguarda, 2012)

(canecillo, ermita de Calatañazor)

De un abrazo venimos.
Y se halla aquí en la piedra
Su representación.
Dos cuerpos enlazados
Frente a toda intemperie,
Frente al daño que causan
La avaricia del tiempo,
La crueldad de los otros.
Y esa entrega al amor nos salva siempre
Porque redime nuestra condición,
Ese abrazo que aquí
Alguien talló en la piedra
Para que comprendiéramos.
Humilde canecillo
Dirigido al fulgor de la mirada,
Semilla que alguien quiso
-Ese cantero anónimo
Que amó seguramente y que fue amado-
Entregar a la luz y a nuestros ojos,
Como anónima ofrenda
Del triunfo del amor

(Trazar la salvaguarda, 2012)

(ara votiva a Ilúrbeda, La Alberca)

Diosa antigua, ¿quién eres?
Un ara te recuerda en mi lugar,
Ofrecida en tu honor
Por Albinus, un hombre
Del que nada sabemos
Salvo la melodía de sus sílabas.
¿Cuál es tu potestad,
Cuáles tus atributos?
¿Proteges el lugar,
Proteges nuestros bosques?
Sólo queda de ti
Esta ara votiva
Labrada en un granito silencioso
Que guarda en sus entrañas
Misterios que ignoramos.
Tú, diosa desplazada,
Ilúrbeda, patrona
Del lugar, de los bosques,
Protege lo sagrado
Que pervive en mi espacio del origen
Y líbralo de tantas
Profanaciones a que es sometido.
Secreta diosa de un oeste pobre,
Te ofrezco hoy, por todo lo que pido,
El ara más leal
               de mis palabras

(*Trazar la salvaguarda*, 2012)

(*playa As Catedrais, Ribadeo*)

Al norte está el misterio
Más allá de los mares.
Se pierde entre la bruma
Que desdibuja todo:
Los cielos y las aguas
En una lejanía
Plateada y grisácea.
Estos acantilados
Me llevan hacia el norte,
Dirigen la mirada
Hacia lo misterioso.
La quietud de las rocas
Recibe la embestida de las aguas,
Ese golpeo cíclico
Que hiere la materia y la deshace.
La embestida del tiempo
Nos sacude, nos hiere,
Nos sumerge en la noche
Y nos derrota el ánimo

(*Trazar la salvaguarda*, 2012)

(*medina: Fez*)

Hay aquí un laberinto
Que siempre día a día se recrea,
Dibuja su figura
Con trazos invisibles
A través de callejas,
De bazares, de gentes,
De oficios, de labores,
De anhelos invisibles.
La vida se devora de continuo
Aquí
Y devora también al que se adentra
En este espacio antiguo en que se mezclan
El dolor con el júbilo,
La lentitud con la celeridad,
La permanencia con el sacrificio.
Y todo aquí es cambiante y es lo mismo,
Conviven el mercado y la mezquita,
El regateo y la plegaria,
La prisa y la quietud.
¿Y cuál es tu lugar,
Aquí, esta mañana,
Que recorres perplejo estos espacios?
Acaso sea la errancia tu destino,
El no tener lugar
Donde permanecer,
De bazar en bazar,
De calleja en calleja,
En este laberinto sin sosiego.

(*Trazar la salvaguarda*, 2012)

(Fez: la medina; el alma)

Todo está en venta aquí
Y acaso nuestra alma
Sea esta mañana la que más se vende.
¿Mas quién la compra?
¿En qué mercado estamos?
¿En qué medina pujarán por ella?
No hay regateo que pagarla pueda,
No tiene precio,
Porque más bien se da,
Es un paño tintado
Por la fraternidad y ésa es la moneda,
La única moneda
Con que puede adquirirse,
Paño tejido en el telar del tiempo,
Tintado en las cubetas
De los colores más hermosos
Por humildes artífices.
¿Quién quiere nuestra alma?
Ahora que está dispuesta
Es necesario que lo sepan todos:
Se encuentra preparada
Para el momento más hermoso
De la fraternidad.

(Trazar la salvaguarda, 2012)

(mercado de Meknés: dulces y especias)

Las abejas husmean
Entre los pastelillos,
El dulzor tomas formas diminutas
Agradables al ojo,
Aquí todo es delicia
Labrada en obradores
Que atienden lo pequeño.
Mundo de los sentidos
Que más allá
En los puestos de especias
Se convierte en pirámides o conos
Con el fulgor de los colores cálidos
Y Mondrian tiene sitio
En uno de ellos
Compuesto con cuadrados alternantes
Que se suceden con sus coloridos
Variados y vistosos.
Encuentra sitio aquí el primor
En sucesivos mostradores,
Como la lentitud,
Que se alberga en los rostros y en los gestos
Y en el modo de estar
De quienes se hacen cargo
De una herencia que viene de muy lejos
Y que ellos nos la ofrecen
Hecha delicia y geometría.

(Trazar la salvaguarda, 2012)

(*Volúbilis: templo*)

Emprendo la ascensión
Por esta escalinata que me lleva
Hacia el lugar de las columnas.
Las cigüeñas coronan
Los capiteles blancos con sus nidos.
Escenario de ruinas.
La plenitud del cielo
También sucumbirá, como nosotros.
Pero todo aquí es calma,
La eternidad de este momento
Entona un himno mudo
Del que participamos,
Como también el mármol
Con su acanto labrado en la blancura.
Y esta elevación
En que nos mantenemos
Como columnas altas
Nos salva este momento de la muerte
Y nos convierte en melodía
De un himno indescifrable
Que entonara algún dios
                          mientras vivimos.

(*Trazar la salvaguarda*, 2012)

(vuelo y elevación: Volúbilis)

Este día me eleva
A las moradas altas.
Me hablan las flores de resurrección
Y estas piedras talladas son semillas
Para un tiempo futuro.
No estaremos en él,
Ya nos habremos ido
¿Hacia qué paraíso o qué jardín?
La calma de las ruinas
Es un ofrecimiento
En este mediodía cenital
A unos cielos limpísimos.
El mármol se hace luz y se hace forma,
Los mosaicos expresan viejos mitos.
Mas ¿qué teselas trazan la figura
Del corazón que siente,
Del alma que al unísono palpita
Con este espacio alto de Volúbilis?
Vuelan las aves por los altos cielos,
Nosotros en la tierra
Elevamos los ojos a la luz
En busca de respuestas
Para tanto misterio.

(Trazar la salvaguarda, 2012)

(*Muley Idris: ancianos de la mano*)

Suben los dos ancianos por la acera
Cogidos de la mano
Con chilaba talar.
Van como enajenados,
Sus miradas perdidas
Parece que habitaran
En otro territorio
Más allá del que pisan.
Con lentitud serena
Avanzan poco a poco.
No parece importarles
Otra cosa que el vínculo expresado
En ese abrazo de fraternidad
De una mano con otra.
Son como dioses esos dos ancianos
Que caminan unidos por la calle
De la ciudad sagrada.
El pálpito enlazado de la sangre
De sus manos fundidas
Acaso sea
Esta tarde de marzo
Lo único capaz
De vencer a la muerte.

(*Trazar la salvaguarda*, 2012)

(Fez, la medina: cabras sacrificadas)

Las cabezas de cabras alineadas
Con sus pieles aún
Y sus ojos vidriados que no pueden mirar
Y sus orejas, ay, que ya no escuchan,
Todas dispuestas sobre el mostrador,
Como ara votiva,
¿A qué dios se le ofrecen?
Animales solares de los montes,
Ahora ya son tan sólo
Naturaleza muerta,
Dispuesta en la medina como viandas
Para exiguos festines.
Tú percibes en ellas
El rastro de la herida
Que te acompaña siempre.
Ya no pueden mirar
El azul de los cielos,
La majestad del verde tras la lluvia,
Las ruinas de los templos
Como semillas fértiles.
Y ya no escucharán
La voz de los pastores
Que las cuidaron y que las quisieron,
Mucho más pura que cualquier salmodia.
Hay aquí un paraíso degollado
Que viene de muy lejos
A través de un rumor mediterráneo
Cifrado en la belleza de unas sílabas
Que hasta nosotros llegan.

(Trazar la salvaguarda, 2012)

AGUAS TERMALES

Todos los mitos sobre el río del olvido se encuentran hoy profanados. Llegamos junto al Huebra, a un paraje muy agostado y seco, una mañana de este verano último. Un charco estancado del río estaba cubierto de nenúfares, a los que llaman platillos los lugareños. Sendas márgenes alineadas de hierbas aromáticas, con mentas y poleos silvestres, punteados de flores moradas, enmarcaban aquel sorprendente oasis, como salido de un lienzo de Monet. Mas, junto a aquella agua atemporal, otro oasis se hallaba escondido en una casetucha. Una pequeña cubeta, excavada en la roca, bajo el nivel del suelo, contenía aguas termales que se renovaban de continuo, brotando desde la matriz de la tierra. En todos los flancos del cuadrado, había cuevas. Y, tras hacerse los ojos a la penumbra, comenzaron a contemplar unos cuantos cangrejos que derivaban por los fondos o por las paredes, trepando hasta alcanzar la línea de la superficie, tejiendo lienzos invisibles con los hilos de la lentitud. Pero, enseguida, al percibir su presencia, presentiste que eran criaturas amenazadas y te ganó el arañazo del desasosiego. ¿Qué destino les esperaba? Cuando saliste de aquel antro que cobijaba aquellas aguas curativas, recordaste que, no muy lejos de allí, en tiempos antiguos, alguien había encargado grabar unas lápidas en honor de las ninfas fluviales, que, en otra edad, habían habitado aquellas riberas. Y la memoria te trajo el consuelo de la melancolía. Poco después, el ruido del motor, detenido en seco, de un coche, os hizo advertir la presencia de una familia que recorría la escala de todas las edades, desde el viejo locuaz hasta el adolescente voraz. Este último, acompañado por su padre, comenzó a atrapar, apenas había llegado al sitio y sin piedad alguna, con una bolsa de plástico, un cangrejo tras otro, en un reguero que salía de la caseta y por donde derivaban inconscientes los artrópodos. Y empezaste a temblar en silencio. Preferiste abandonar el lugar, ya sin ninfas en aquellas aguas estancadas, repletas de nenúfares. Al río del olvido, lo estaban convirtiendo en espacio de las profanaciones.

(*La casa del alma*, 2015)

CORDILLERAS

Adquiriste las sensaciones de eternidad e inmensidad ya en tu primer ascenso, de niño, a la montaña sagrada. Los horizontes dilatados, la pureza del aire en las alturas, el vuelo de los buitres y de las águilas, los lechos sumergidos de los valles... y las rocas y el cielo, y el entretejido de silencios y rumores, y el mundo como ofrecimiento, como si todo el espacio cupiera en las manos patenas de la divinidad..., todo un cúmulo de emociones se te dio ya en aquel viaje inicial e iniciático, y desde entonces te acompaña. Nada lo ha diluido ni aminorado. Actúa con intensidad en ti. Y te lleva al territorio del júbilo. Porque el aire en su altura celebraba, el vuelo de las águilas y buitres celebraba, los horizontes que se perdían en la infinitud celebraban, los valles celebraban, las montañas en las líneas de las cordilleras celebraban, lo mismo que el silencio como transparente gasa sobre el espacio, lo mismo que aquellas soledades protegiéndolo todo, en aquella marea de elevaciones pétreas, en aquel tiempo casi anterior al tiempo, pues una eternidad lo habita siempre y lo mantiene a salvo.

(*La casa del alma*, 2015)

EL CINE

Otra realidad se revelaba en la pantalla ante el asombro de tus ojos niños. Era como un milagro el acontecimiento que los domingos por la tarde tenía lugar en el teatro. En aquel enorme lienzo blanco que ocupaba todo el rectángulo de la escena, concurrían imágenes en blanco y negro, con figuras, ciudades, paisajes, historias antiguas y modernas... que ensanchaban el ámbito de tu conocimiento. El tapiz de la imaginación se iba tejiendo con los hilos del asombro. Aquella ventana al mundo desde el recinto oscuro de las butacas dilataba el horizonte tan cercano de las cordilleras. *Quo vadis? Ben-Hur...* Gladiadores, cristianos, mujer frente a la fiera... Y la Historia Sagrada sobre todo. Tantas evocaciones de relatos ya oídos en la escuela, en los bancos matutinos en la iglesia durante la doctrina de todos los domingos, de labios de la madre o del abuelo... Y ahora aquella pantalla, con aquel oleaje provocado por la corriente al abrirse la puerta, actúa en tu memoria como reducto, como tiempo que te trae una vieja boleta de cartón para asistir a esa nueva sesión de lo que permanece.

(*La casa del alma*, 2015)

CUESTAS

Las andanzas antiguas. Los viajes antiguos. Hay arquetipos en los que se cifra la memoria que guarda mi madre de sus viajes de moza, a Madrid, a Sevilla, a territorios más cercanos, extremeños o salmantinos. Esos arquetipos son las cuestas, como cifra de esfuerzo, de dificultad, de labor sostenida y en la que se pone todo lo que más interesa, todo aquello en lo que se está. Y esas cuestas aparecen en sus relatos de las noches de invierno, en torno a un brasero de cisco bajo la camilla, cuando la voz se va desgranando en ese rosario de la memoria que protege y cautiva. La narración se convierte en una letanía de lugares, de días, de andanzas, de recuas de mulos, por esos caminos de la tierra atravesados desde la precariedad. Pero también en un hilo de palabras que va entonando nombres tan hermosos como las cuestas, de las que quiero traer dos a la llanura de esta página. Cuesta de la Jara. Cuesta de los Mártires. Como cifra en la que pueda cobijarse mi madre.

(*La casa del alma*, 2015)

UN SER DE LA ALEGRÍA

Se llamaba Jalid, era taxista. Él me llevó en un mercedes desmesurado de Casablanca a Fez, a lo largo de una tarde luminosa de marzo, en cuyo itinerario fui descubriendo la topografía más hermosa de una ancestralidad ya perdida entre nosotros. En un francés a ras de tierra, fuimos hablando a lo largo del camino y él me desgranó, con una alegría contagiosa, el territorio de su rumor vital: su trabajo, sin día de descanso semanal alguno, recorriendo el país, transportando turistas extranjeros, como un San Cristóbal entregado y errante; sus dos hijos pequeños –Soufian y Mina-, con un brazo roto y escayolada la menor, que me enseñó en una fotografía archivada en su móvil... Y me iba mostrando y nombrando todo lo que al paso nos salía: las mezquitas y almínares; el bosque tan dilatado de alcornoque, una vez sobrepasado Rabat y acaso más cerca de Salé; los ríos y los cursos de agua, con su raíz "houed-", que yo llevaba a la más familiar para nosotros de "guad-"; las luces "navideñas" y permanentes durante todo el año, que tanto le impresionaban, en las modernas avenidas de Fez, ya anochecido. Cuando habíamos de parar, el motor del mercedes haraganeaba al volver a arrancarlo y no lograba coger un ritmo ágil, manteniéndose en una respiración dificultosa de tres golpes, secos y sucesivos, de "ta-ta-tá"...; entonces Jalid, tratando de animarlo e impulsarlo, pues le iba en ello el trabajo y la vida, se dirigía al coche y le decía repetidamente, con tono persuasivo: "S´il te plaît. S´il te plaît. S´il te plaît..."; hasta que el motor terminaba por hacerle caso. Se llamaba Jalid, era taxista. Estaba habitado por una alegría contagiosa, como de paraíso. Parecía proceder de una página de *Tierra de hombres*, de Antoine de Saint-Exupéry. Él me llevó de Casablanca a Fez, como un San Cristóbal entregado y generoso. Vendas y gasas para él y los suyos, para el brazo escayolado de su pequeña hija; que la alegría lo siga acompañando por el itinerario en que ahora se encuentre.

(*La casa del alma*, 2015)

ORACIÓN

(curtidores y tintoreros: medina de Fez)

Se encuentran ahí, entregados a su durísima labor, curtidores y tintoreros, inclinados hacia unas cubetas circulares, alineadas en regulares y polícromas geometrías, de una belleza paradójica, en las traseras de un racimo de edificaciones que configuran un patio irregular. Se encuentran ahí, de sol a sol, hundidas sus piernas en líquidos viscosos y malolientes, tintados sus cutis del color blanquecino del estaño. Y el silencio es su única compañía, roto por esa ciclópea rueda semioculta por unas paredes y un techado que mueve no sabemos qué aguas. Los montones de pieles de cabras y de ovejas aún con lanas y pelos, recién acarreadas sobre lomos de muy pequeños asnos, esperan su tarea. Podrían preguntarse, aunque nunca lo hagan, como aquel porteador de la segunda parte de "Trilogía española", de Rilke, que lleva los manjares sobre sus espaldas para el banquete de los otros, en el que él nunca va a participar: ¿por qué yo? Son los elegidos para las tareas más ingratas que, a su vez, nos devuelven esos hermosos objetos de marroquinería. ¿Por qué ellos? Los contemplamos desde azoteas como un exotismo arcaico. Les da igual. No reparan en nuestra presencia. Nos ignoran. La belleza circular de esos pocillos que contienen los tintes, como si fuera una caja de acuarelas gigante, con sus policromías, es una herida en la que se hallan esos hombres entregados día a día al sacrificio del existir. ¿Por qué ellos? Acaso también, en el interior de cada uno, haya un territorio de anhelos e ilusiones, de fulgores y dichas. Uno que se halla inclinado, con sus manos y pies sumergidos en el líquido de una de las cubetas, lleva una leyenda en la espalda de la camiseta azulada que viste: "F C Barcelona"; tal vez, ese nombre, ese sintagma, sea su única salvación, semana a semana, resultado a resultado, tornea a torneo. ¿Por qué ellos? Vendas y gasas para la herida en la que están, para la herida en la que existen. O, mejor, una oración al dios de ese lugar de las cubetas, de las policromías, de los olores tóxicos; una oración por ellos, que contenga la trama de la salud, de la protección, de un consuelo que a veces puede estar en unas letras cifradas, ocultas en la espalda del ser, tatuadas en la espalda del mundo.

(La casa del alma, 2015)

(*Alaejos*)

Alaejos. Las torres a lo lejos
Altas y aladas
Como ángeles vigías.
Aquí la elevación es melodía
De la tierra en su busca de los cielos,
Cuando el barro cocido
Se hace ladrillo humilde
Que busca ser canción en el silencio
De un espacio esencial
Que es patena y morada,
Ofrecimiento al aire y al misterio
En el que el hombre existe.
Alaejos. Las torres a lo lejos,
Silencio y melodía,
Vigilancia y quietud,
Porque todo respira
En busca de lo hermoso

(*La protección de lo invisible*, 2017)

(patio de las escuelas menores, Salamanca)

Pero aquí la belleza
Se ha quedado por siempre y nada pide,
El oro y el azul,
La entrega y la armonía
Y esta quietud que eleva y que remansa.
Cómo nos quedaríamos
Siendo un vencejo más
En estos cielos plácidos,
En la celebración de lo que existe,
Sostenido en el día por la luz.
Cómo nos quedaríamos
En el fulgor de ser,
De surcar estos aires
En un vuelo de música
Y ya nada pedir
Sino gozar del aire y de esta paz,
De esta iluminación que ciega y salva.
Cómo nos quedaríamos
En estos cielos altos e infinitos
O en el recinto que esta arquitectura
Acota con sus oros y silencios,
Siendo basa, dovela,
Arquería, arquitrabe,
Sí, tan solo materia
Que configura un cosmos ordenado
Pero aquí la belleza
Llama a la plenitud,
Llama al hombre a ser centro
Del mundo, del espacio.
Recinto paraíso,
Cómo nos quedaríamos
En ti,
Oro, azul, armonía,

Melodía en silencio de unas piedras
Que proclaman que aún hoy es posible
Configurar un cosmos
Para todos de luz y de belleza

(*La protección de lo invisible*, 2017)

(río *Almar*)

Si escaso el cauce, es menor el agua,
Pero lo más hermoso
Es la hilera de chopos dilatada,
Trazada entre las mieses amarillas,
Que delata el transcurso de este río
Tan humilde como desconocido.
Aquí el mar se halla lejos,
Lo forman los trigales
Cuando verdes y entonces tan flexibles
Los acaricia el aire y los mece
Como en canción de cuna.
Está más cerca aquí
Este río humildísimo
Del arroyo aldeano de Pessoa
Que de las tan solemnes
Imágenes antiguas de Manrique.
Pero la línea verde de estos chopos
Tan bien trazada en este secarral
Se prolonga y llega hasta nosotros
Y de la vista alcanza al corazón
Y se adentra en la sangre y nos recorre
Para purificarnos
Con la savia del mundo

(*La protección de lo invisible*, 2017)

(torre del gallo)

El oro antiguo
Como ofrenda a los cielos
Las formas conseguidas y calladas
De la piedra amarilla
Labrada por canteros cuyos nombres
Para siempre ignoramos.
Todo es diáfano aquí
Y quisiera volverse
Traslúcido, invisible
En esta claridad
De la tarde de invierno
Que celebra las cosas.
Y una serenidad se nos regala
Para sanar la angustia
Del corazón herido.
Torre del gallo. Salamanca. Azul
Y luz que purifica
Y que cura y espanta
La tiniebla del mundo

(La protección de lo invisible, 2017)

(coa & siega verde)

Los bóvidos grabados en la piedra
Llevan vida inmortal
Que ya nunca depende de los pastos.
Se encuentran junto al río
En esa eternidad de la belleza
Que no nos corresponde.
Nada sabemos hoy
De quien grabó sus trazos,
Algún artista anónimo
De un pueblo ganadero.
La belleza es de todos,
A todos pertenece,
Da igual quien la realice o quien la plasme,
Pues, para hacerse tal,
Necesita vibrar en lo más hondo
Del corazón del mundo

(La protección de lo invisible, 2017)

(mar griego)

El mar de Valéry, el mar de Homero,
El mar de Carles Riba,
El mar de los poetas;
Mas sobre todo el mar
De la luz, de las gentes, de los pueblos,
De cruces y viajes, de epopeyas;
Siempre el mar de la luz,
Que alberga algo sagrado
Puesto que da la vida.
El mar de navegantes, de marinos,
De guerreros que vuelven al hogar,
A su Ítaca amada,
Desde las guerras míticas.
El mar de los cayucos y pateras,
De quienes buscan desde el desamparo
Una vida mejor,
Un horizonte abierto.
El mar de las leyendas y los mitos,
El mar de la palabra
Y del canto hechizado de sirenas.
El mar de la aventura en la que todos
Pueden participar,
Pues está abierto a todos
Y a todos pertenece

(*La protección de lo invisible*, 2017)

(*campanas*)

Campanas en el alba
Despiertan a la luz
En el centro de Atenas.
La oración sigue estando en estos pueblos
Presente, dignifica
El corazón del hombre,
Que encuentra en la palabra
El recurso más alto
Para invocar al Dios,
Para imantar el mundo.
Campanas en el alba y en la luz,
En el pautado corazón del hombre,
En el centro de Atenas
Y en el centro del mundo
Y en el centro del ser.
Atenas se despierta con los sones
Benéficos de todas las campanas.
Nosotros despertamos
Con el silencio hermoso de la luz

(*La protección de lo invisible*, 2017)

(columnas en la tarde)

El bosque de columnas en la tarde
Se dora con la luz,
Clasicismo de oros y armonías
Son estas piedras que en la tarde callan,
Hablan con un lenguaje misterioso
Que viene del silencio,
También de un tiempo antiguo
En el que la belleza
Se plasmaba en un canon de equilibrio
Para expresar el mundo
Y el anhelo del hombre
Por alcanzar la luz de la armonía.
Columnas de la tarde
En el centro de Atenas,
Palmeras de ebriedad que, contenidas
Hablan de una pasión por la belleza
Y por el mundo de la luz,
De una pasión que no está muerta, que es
Semilla para un fruto
Que logrará quien necesite
Existir en lo alto y en lo hermoso.
El bosque de columnas en la tarde
Se dora con la luz. Nuestra mirada
Participa, callada, del milagro

(*La protección de lo invisible*, 2017)

(la sonrisa del niño)

(Museo Nacional de Atenas, escultura)

La sonrisa del niño
Nos sigue haciendo cómplices del mundo,
De todo lo mejor de lo creado,
De lo que más importa.
La sonrisa del niño.

La sonrisa del niño
Es una melodía inextinguible
Y también silenciosa, desde el mármol
En el que está labrada su figura.
Es antigua y es nueva
La sonrisa del niño,
Viene de muy antiguo
Y durará más que nosotros
Más que quien la esculpió
Del que nada sabemos.

Es muy consoladora
La sonrisa del niño,
Sabe de la inocencia y la alegría,
De cuyos territorios
Proceden sus mensajes.
Alberga unos enigmas
Que son para nosotros, nos regala
Una luz y un misterio
Para que descifremos
Lo hermoso de la vida.
La sonrisa del niño

(La protección de lo invisible, 2017)

(*acrópolis*)

Armonía, belleza, plenitud,
Un mediodía pleno de columnas,
La proporción divina,
Los templos en silencio que dialogan
Con el ruido del mundo
Que ciega la verdad de lo que somos.
En esta elevación, en esta Acrópolis
Las piedras nos transmiten el mensaje
De la vida serena,
De la vida dichosa
En la esencialidad de lo que somos,
En esa sobriedad que siempre es sabia
Para abordar el mundo, para ser,
Para salir sin daño de las pruebas.
Todo aquí es plenitud
Y todo luz, serenidad, belleza.
Partenón, Erecteion, las Cariátides,
El teatro de Diónisos, las piedras
Milenarias que callan, callan, callan,
Que es el modo de hablar más elocuente
Y más hermoso, porque en el silencio
Se respira la luz,
Lo que más nos conviene
Y también lo que salva

(*La protección de lo invisible*, 2017)

(anciana con espigas)

Los misterios de Eleusis
Aparecen aquí
A través de esta anciana
Que vende a los turistas las espigas
En área de recreo de autopista
Justo por dos monedas.
Y vuelve el tiempo antiguo hasta nosotros
A través de esta anciana
Que en su figura pobre
Recrea los misterios este día
Y, aunque ella no lo sepa
De lo que es portadora,
En su pobre amuleto vegetal
Están presentes Ceres y Deméter
Y la fecundidad
Y la germinación en las entrañas
De la tierra gran madre
Y la resurrección.
Y la mañana anuncia
A través de esta anciana,
De la pobre María
—Pues nos dice su nombre—,
El misterio más hondo
De los que el mundo alberga,
Que es el del existir

(La protección de lo invisible, 2017)

(Epidauro)

Me siento en una grada de Epidauro,
Ocupo mi lugar.
Los montes frente a mí
Y también el misterio
De la palabra trágica
Que habrá aquí resonado desde antiguo,
Expresión conseguida
De todos los conflictos
Del corazón humano,
Que ha llegado intangible hasta nosotros.
Este lugar me salva
Pues una vibración llega hasta hoy
De lo que aquí dijeran
El coro y los actores
Con palabra catártica
Para calmar la hibris y que todo
Recupere de nuevo su armonía.
Este lugar me salva
Pues la palabra aquí tuvo su asiento,
Palabra para todos, sanadora,
De purificación, palabra pública
Contra el exceso, contra el mal,
Contra todo lo oscuro
Que por doquier nos amenaza

(La protección de lo invisible, 2017)

(alba en Olimpia)

Nos despiertan los gallos en Olimpia,
Nos despiertan los gallos,
Nos llaman a la vida de la luz,
Nos llaman al estadio.
Que de la vida antigua
Hay tesoros ocultos,
Un mundo de columnas, de semillas,
Un mundo fascinado
Por crear una imagen de belleza
Y establecer un canon
De la armonía, para ser felices,
Y vivir al compás con lo creado.
Ladran los perros,
Cantan los gallos,
Se abre la rosa de la luz,
Nosotros vamos
Al encuentro del día, a la aventura,
Al más cierto de todos los milagros,
Que es vivir en la luz,
Pues en la luz nos damos

(La protección de lo invisible, 2017)

(la belleza quebrada —Olimpia—)

Mañana luminosa
Del estadio en Olimpia.
Los templos y columnas se suceden
Como trofeos de otro tiempo.
La belleza quebrada de la piedra
Habla de plenitud y de armonía,
De lo que ya no está
Pero tuvo su gloria en el pasado.
Y todo aquí es parábola
De lo que nos espera:
Toda la plenitud se vuelve ruina
Y los dioses se van
A habitar en la nada,
Mas dejándonos huérfanos de todo
En un mundo sin luz.
Pero en esta mañana luminosa
De octubre, en este locus
De las ruinas de Olimpia
Podemos aún tomarle
El pulso a una belleza que existió
En una edad de oro ya extinguida
De la que apenas queda
Este bosque de ruinas y columnas

(*La protección de lo invisible*, 2017)

(en Delfos, el oráculo)

Voy por la vía sacra,
Camino desde el lecho
Del valle hacia lo alto,
Donde se encuentra el Dios o la sibila.
¿Qué les preguntaré?
¿Qué podrán responderme
En este tiempo que es de incertidumbre?
Para nada nos sirven los agüeros
Ni las respuestas enigmáticas,
Que hemos de interpretar,
De los labios divinos.
¿Qué puedo preguntar con fundamento
Que concierna a mi vida, que la implique?
Me basta con hacer esta ascensión,
Con disfrutar de la mañana clara
Y con estas columnas y sillares,
Expresión de belleza ya caída.
Me basta con arder y respirar,
Con sentir este pálpito
Ante lo ya caído y su belleza,
Ante lo que proviene del origen
Y sigue vivo y con sentido y con
Ese poder que siempre salva

(La protección de lo invisible, 2017)

(*caballos*)

Galopan los caballos desde antiguo
Por los mármoles clásicos de Grecia.
Todos los Fidias que los esculpieron
Dejaron en su luz algo perenne.
Galopan por los frisos,
Se encuentran en relieves y metopas
Y nada los detiene ni los frena.
Van por la edad de oro,
Sobrevuelan el tiempo de la historia
En pos de un ideal, de la armonía,
Del reino conseguido de la luz.
Sus belfos perfilados
Se abren paso en el aire y en la luz.
Proviene su energía de la sangre
Que, veloces, al frente los impulsa.
Sobre sus grupas van
Los héroes antiguos, con sus nombres
Tan memorables e imperecederos,
En un viaje pleno de aventura,
En un itinerario al ideal.
Ellos nos dan sentido,
Su galope nos salva
Pues nos guían airosos
Al mundo cenital, ay, de los astros

(*La protección de lo invisible*, 2017)

(mi pequeña oración sobre la Acrópolis)

sobre un tema de Ernest Renan

Se han marchado los dioses,
Ninguna huella ya de lo sagrado
Se encuentra en esta elevación antigua
En este mediodía de la luz,
Pues los turistas lo profanan todo,
Ahogan el silencio
Que debió aquí morar ya desde antiguo
Para que el canon áureo de belleza
Del Partenón pudiera revelarse
Al corazón de quien contempla absorto
Y se pone a la escucha del misterio.
¿Quién habita hoy aquí?
¿Hacia quién dirigir hoy la palabra
Para que llegue al centro
Y que la escuche el Dios?
Desde el silencio bisbiseo
Mi pequeña oración mientras recorro
El espacio imantado d la Acrópolis,
Por si aún escucha el Dios,
Por si llegan mis sílabas al centro
Donde se halle escondido

(*La protección de lo invisible*, 2017)

HACIA LAS PEÑAS ALTAS

En el límite aquel de Alfranca, marcado por La Puente, se hallaban todos los escenarios de vuestra delicia. Los de aquellos momentos más vuestros, fuera del alcance familiar o de la disciplina, tantas veces incomprensible, de la escuela.

Y te parece ahora que solo con nombrarlos puede producirse una resurrección de todos ellos, así como de todo lo que en aquellos ámbitos realizabais. El cortinal con su cerezo, al que siempre sentiste como madre antigua, de lo viejo que era, junto al río. El rincón de las Espeñitas, con su caño de agua; con los rulaeros de granito por los que os deslizabais, con peligro para las culeras de vuestros pantalones cortos; con la nogal aquella tan acogedora y sombría, que derramaba intimidad. Los espacios del río, con sus charcos, sus peñas o sus tomas de agua para el riego; con aquellos árboles y arbustos que hasta él se asomaban desde las orillas: saúcos, nogales, cerezos o guindos, toda una constelación de ramajes deliciosos que parecía proteger vuestros secretos. El conventino y su barandilla de hierro forjado, en cuya superficie plana que servía de agarradero, tantas veces depositasteis vuestros labios para sentir el frío del metal, un frío que llegaba hasta el corazón y que os provocaba aquella quietud sensorial en la que os quedabais como paralizados, hasta que algo o alguien, siempre exterior, acudía en vuestro rescate.

Escenarios dentro de los límites, dentro de Alfranca todos o en el mismo río al que las casas daban. Pero había otros más allá, verdaderos ámbitos para la aventura, por ello más vedados y también más apetecibles. En cada uno, realizabais labores y juegos que a los mismos correspondían, según una costumbre marcada desde antiguo.

En la repisa rocosa elevada sobre el suelo, pero con una base de tierra bien pisada y ya dura, defendida por unos peñascos que le otorgaban intimidad, jugabais a las cocinas, a las madres y a los padres. Las niñas hacían de madres y en los huecos de la pared, de granito y musgosa, colocaban los alimentos. Los trozos de tejas molidas se convertían en pimentón; los de tiza o de yeso, en azúcar o en sal; los chinarros, según sus dimensiones y formas, en huevos, alubias o garbanzos; determinadas semillas de plantas, en granos de arroz; los ombligos de venus, en materia para ensaladas y verduras, lo mismo que otras hierbas y briznas del lugar;

las malvas, en tomatinos...; e ibais así transfigurando la materia próxima, lo inservible y lo desaprovechado, y con ella regalabais a vuestra pobreza verdaderos festines de formas y colores, pues de cazuelas y de platos y de vasos y demás recipientes servían, según conviniera, hojas, piedras planas o curvadas, trozos de vasijas rotas de barro o, en fin, todo lo que se aproximara a la función para la que se les requiriera.

Adentrándose por la vereda hacia la lejanía de huertos y de montes, el primer lugar era el molino, con su canal de agua que hasta él conducía, elevado y con sus bordes de granito perfectamente delimitados, que recorríais con una cierta sensación de vértigo; y la sima angustiosa de la tolva, que os producía un miedo atávico con solo intuirla próxima. Una imagen te queda de su puerta de entrada: la de unos jabalíes cazados, colgados de su dintel de madera y desangrándose gota a gota, desde las estalactitas de la muerte, en un destilar que impregnaba el suelo de rojo y coloraba con aquella intensidad triste el gris de la tierra. Un grupo de hombres a su alrededor cerraba el rito con sus voces sordas, cuyo sentido no captabais.

Más arriba aún, las peñas del Corral Concejo, con sus elevaciones, desde las que se divisaba Alfranca y todo aquel escenario de cordilleras y de bosques, y sus simas entre ellas. Tenían lugar en aquellas oquedades los juegos de la generación, propugnados por la picardía de los más avezados. Una niña se tendía debajo y sobre ella un niño, en la simulación de un abrazo cuyo significado no entendíais. Eran unos segundos de quietud e incertidumbre, sobre una cama de helechos arrancados y secos, hasta dejar el turno a la pareja siguiente.

Otras veces, si el calor apretaba, os dirigíais hacia un charco desde una senda por encima del molino. Era una poza íntima y secreta, el Charco de la Parra, enmarcada por las paredes de los huertos y canteros que hasta las aguas asomaban. Allí el frescor os libraba de los ardores del verano. Y bañarse, sin el permiso ni el conocimiento de los padres, se convertía en un acto de autonomía propia.

Escenarios todos ellos de un tiempo de oro, en un jardín del que nadie arrancaba sus manzanas míticas, y al que pertenecíais, en aquel tiempo de la gracia del mundo. Jardín nunca perdido para quienes tuvisteis la dicha de vivirlo y formar parte de él.

(*La madre de los aires*, 2021)

LOS CAMINOS

1

Toda la variedad de los caminos se aloja en mi memoria. Es algo material, que no excluye el relieve, ni la tierra, ni los cantos que estorban o los que ayudan a asentar el pie, ni las escobas con su aroma silvestre, siempre tan áspero, o los chaguarzos, que pugnan por salirse de sus márgenes para adentrarse en el territorio del tránsito y acariciar las piernas de los caminantes, rozar sus sayas o sus pantalones.

Es materia que ya no es dada captar a los sentidos, pues pertenece a la memoria. Materia de memoria, que me acompaña siempre. Materia de camino, de haber andado mucho. Materia de trabajo; de madrugadas para acarrear el heno; para regar cuartijones y mielgas, en el espacio reducido de algún huerto; para pastorear los ganados, que portan en sus miradas y en su andar el enigma de la mansedumbre y de la lentitud, que tanto nos ha apaciguado.

Se hallan los caminos ligados a los intersticios de los nombres, a su rumor de sílabas, a la articulación de unos sonidos que saben extraer la música del aire. Dejadme, una vez más, que los pronuncie, pues, al nombrarlos, volveré a recorrerlos con ese otro fulgor de las palabras, que precisa otros pies, otra andadura. Si requiere su ritmo el caminar, pronunciar también lo exige. Belleza de los pies. Belleza de los nombres.

Y la lengua recuerda, al entonar los nombres, que todo lo nombrado tiene existencia cierta: Camino, callejina, travesía; vereda, pista, atajo; carril, senda, rodeo; carretera, calzada, trocha; cordel, cañada, cruce; pasil, alcorce, galería, ronda; veril, trochuela, rúa; carrendera, sendero... Términos de pasaje, hermosa nombradía, para aludir a nuestra condición de seres sometidos al tiempo.

He recorrido todos los caminos, que hoy se hallan en mi lengua y mi memoria, esos pies que nos salvan, cuando todo al olvido parece ir a parar; esos pies que nos llevan hacia otro territorio, compuesto de sonidos y recuerdos, de sílabas y escenas que están fuera del tiempo. Dejadme pronunciar. Dejadme recordar. Son salvación los nombres, salvación lo vivido, cuando ensancha el jardín y su aroma de música.

Todo espacio requiere de caminos para ser conocido por el hombre. Se trata de un conocimiento que precisa aventura, descubrimiento y fundación de los lugares, trabajo en ellos que los va cambiando, a medida que la tarea humana les hace ir perdiendo su imagen primigenia.

Conozco todos los caminos de Alfranca. La memoria de mis pies, de mis pisadas, de mis pasos, se halla alojada en ellos. Caminos para acudir al trabajo; para llegar hasta los huertos; para ir a sembrar o recoger los frutos; para acceder a los prados y apacentar las reses o las caballerías; para acercarse hasta las aguas y llevarlas a través de los caños a regar las patatas o frejones; para, en otoño, llegarse hasta los castañares y, con las luces indecisas, que convocan la melancolía, agacharse a la tierra y coger el producto de nuestro árbol tutelar.

Caminos de trabajo, que tan sufridos nos han hecho y que nos han puesto en comunión con la naturaleza. Quien no conoce desde niño el campo, quien no ha sentido desde su infancia la brisa de las madrugadas veraniegas, la magia de las primeras luces hasta que surge el círculo solar inflamándose, los árboles y arbustos con hojas caedizas, los mil aromas vegetales que despiertan el tiempo en primavera, el murmullo de los regatos y el intenso zumbar de los insectos, el cansancio tras un día de labor encorvado en la tierra... Quien no lleve albergada en su corazón toda esta rica herencia, este don para todos destinado, habrá perdido una de las experiencias más hermosas que al hombre han sido dadas.

Conozco todos los caminos de Alfranca. Atajos y vericuetos, veredas y pasiles, senderos y callejas, trochas de cabras y carreras amplias para las caballerías. Caminos enmarcados por paredes de piedra, con márgenes en los que se suceden escobas o zarzales, escaramujos o espinos, berezos, cañibetas, gordolobos, gamones, dedaleras... Caminos en umbrías, recogidos del vértigo vertical de la luz, por los ramajes protectores de castaños, nogales, perales o manzanos, o por el roble silencioso tan amigo de helechos y chaguarzos. Caminos que en algún lugar transitan, para salvar el cauce de cualquier río o regato, sobre puentes de piedra, en femenino, de los que cuelga la hiedra por esa su querencia de las aguas. Caminos empedrados por los antiguos, como dice mi madre; verdaderas calzadas, en las que se halla el primor, canto a canto encajado, de la obra bien hecha.

Yo sigo en mi memoria transitando los caminos de Alfranca, de la mano de mi abuelo Pablo. Él me va, con su voz, tocada de una sabiduría muy antigua, transmitiendo su conocimiento del mundo. Rezamos, cuando, a la ida o la vuelta del trabajo, nos encontramos por el camino con la visión de la Peña de Francia al fondo; también cuando, a nuestro paso, una cruz se interpone, grabada en una peña, a golpe de cincel, o labrada y puesta sobre la roca. Cruces populares de granito, para recordar a las Ánimas Benditas o conmemorar algún suceso casi siempre desgraciado. Cruces surgidas de la devoción popular, de considerar el mundo y la tierra como algo sagrado. Cruces, por desgracia, tan olvidadas hoy entre nosotros.

Sigo oyendo, de labios de mi abuelo, la salmodia de un tiempo que me llena de gozo. Un tiempo que reside en la memoria, en el corazón del granito de las cruces, en el misterio umbrío y silencioso de los caminos.

Y voy con la caballería aparejada (recordad los hermosos nombres de suaor, enjalma, mandila, tarre, cincha, lomos, ropón, albarda…, que forman el aparejo), siguiendo un camino que hasta allí me conduce, a renovar mi alianza natal con la tierra, a trabajar al huerto. A veces, en las paredes se abren los bocines del agua. Conduce mi camino a todos los espacios: longueras, castañares, datas, canteros, suertes, prados, viñas, linares, bohonales, rocitos… Lugares de trabajo, en los que ha germinado, estación a estación, nuestra supervivencia, en los que han madurado nuestros frutos.

Venid conmigo hoy a recorrer despacio los caminos. En ellos hallaréis la secreta canción de lo que fuisteis, la melodía sumergida en las raíces del tiempo, el canto más hermoso que habita en la cabeza, en el corazón de quien ha sabido conservar, a pesar de tantos dolores y sufrimientos, la herencia más gozosa de la vida.

(*La madre de los aires*, 2021)

VALLE DE LÁGRIMAS

Eres muy niño y te hallas en el huerto con la madre. Ella riega y atiende los sembrados, distribuye las aguas por los surcos que llegan en el caño desde el Pozo de los Alisos. Tú junto a la pared juegas y te entretienes, en espera de que la tarea maternal se haga cumplimiento. Todo ese mundo próximo que os rodea acude a ti, a tus sentidos distraídos, pero abiertos a la materia que os acoge.

Otra mujer, en el huerto de al lado, atiende su tarea, como si de ese cuidado, de esa dedicación, que lleva sudor y esfuerzo, que conduce al cansancio, dependiera el sobrevivir, la estancia de su ser sobre la tierra, y la de todos los suyos. Qué ejemplar te ha parecido siempre esa entrega al trabajo, ese darlo todo y nunca pedir nada, ese ofrecerse de continuo, como si la disponibilidad constituyera el sentido de estar aquí.

Tu madre y la mujer, a la vez que trabajan (esa dedicación, esa obra bien hecha, en la que están y de la que no son conscientes), dialogan entre sí, comparten su palabra. Tú las oyes y sigues en tus juegos, no descifras ninguno de los significados que se transmiten, solo captas la música de sus sonidos, de sus sílabas, y te quedas escuchándolas como hechizado. Voces de las mujeres. Crean un territorio de acogimiento que llega a tus oídos y que se hace canción. Pero entre todo el rumor de las palabras, se destaca una frase que, con limpia nitidez, llega hasta tu corazón; tu madre la pronuncia:

—Estamos aquí para sufrir.

De repente, descubres el mundo del dolor del que estabas ausente e ignorante. Forma tu parte —luego lo irías comprobando— parte de él. La ves con otra luz ya desde ese momento. Una vez pronunciada, sigue con el trabajo y la conversación. Tú te quedas absorto con la revelación que acaban de transmitirte sus palabras. De otra manera ves las nogales tan verdes, sus ramas sometidas al rumor de los aires, que no logran del todo penetrar en su interior tan secreto. Los trinos de los gayos, tan grisáceos y azules, te llegan de otro modo. La sucesión de paredones que desciende hasta el río ya no provoca en ti ese júbilo vivo de lo desconocido, sino una inquietud que acaban de traerte las palabras. Hasta el agua que pasa por los caños y llega hasta los surcos se vuelve más sombría ante tus ojos.

Los guindos del verano, con sus frutos pendientes, se te vuelven de pronto como lágrimas rojas. Sigue el granito en las paredes, el fulgor de la mica es ahora más sombrío. Y tú te quedas quieto, suspenso ante el rumor de las palabras que han dado nacimiento, en tu conciencia de niño, al mundo del dolor.

—Estamos aquí para sufrir.

Desde aquellas palabras, nunca te ha vuelto a abandonar el rumor del desamparo, del sufrimiento, del dolor..., lo mismo que a aquel príncipe, que, a pesar del paraíso palaciego en que lo tenían clausurado, en la primera escapada en que logró salir al mundo, descubriera la muerte.

(*La madre de los aires*, 2021)

EL CABRIL

Hay una montaña en Alfranca que, aun no siendo la más espectacular ni la más vistosa, es tu predilecta. El Cabril. Su cima redondeada habla de desgastes muy antiguos; de acciones imperceptibles de soles y de nieves, de lluvias y de hielos, de ventiscas inclementes que arañan con sus manos impalpables todo lo que encuentran a su paso.

Apenas llegan hasta la cumbre desgastada y pulida las plantas que sobrepasan la línea del suelo. Ya no es posible ver allí los brezos morados, las escobas con su aspereza y con su altanería, las jaras meridionales con sus acículas pegajosas y sus serenas flores de las cinco llagas. Tan solo los piornos con su masa de erizo apuntan a través de su molicie enana hacia un cielo que parece aplastarlos sin dejarlos crecer; las carquesas con sus prolongaciones enlazadas tratan de ganar una extensión difícil; los chaguarzos, que reservan sus hermosas y humildes flores amarillas en torno a un centro rojo, celebran la altura afirmando desde su resistencia la vida.

Y, sobre todo, las hierbas, esas que, desde la cúspide, se desparraman hacia el oeste, tratando de implorar el oro más luminoso a la puesta de sol. Y tú, todas las tardes de verano, dirigías desde la solana tus ojos hacia El Cabril, cuando la luz, por medio de sabias gradaciones, comenzaba a irse. Desde las calles, se retiraba hacia los tejados, marcando, con un fulgor siempre intenso y, a pesar de cotidiano, inesperado, los canalículos y las líneas curvas, las texturas resistentes del barro cocido y las islas de mica en las aguas rojizas de las tejas. Tras aquella celebración del inicio de la despedida de la luz, esta dejaba los tejados a merced de la sombra y ascendía hasta los sillares graníticos de la torre y, en ella, visitaba también el bronce silencioso de las campanas, pero que sabe tanto de sonidos y júbilos, de ceremonias y plegarias, de solemnidades y despedidas. Y aquel momento luminoso de la torre cobraba especial viveza, pues la luz parecía querer detenerse, acentuando una intensidad desacostumbrada, dorando, con una pátina cálida, la frialdad y lejanía del granito. Era siempre un instante cordial, en el que Dios solo en aquellos instantes parecía estar en la iglesia; en otros, siempre tuviste la intuición de que le aburriría aquella rígida solemnidad tridentina y que se iría, a lo mejor, con los pastores a sus majadas.

Pero el tercer momento de la fuga de la luz era siempre para ti el más esperado. Y el más sobrecogedor. Toda Alfranca quedaba entregada a la sombra, lo mismo que los huertos y contornos que la circundaban. Y la claridad, en su retirada, ganaba las alturas de las cumbres montañosas. El lado de la cordillera hacia el que Alfranca miraba era el septentrional y, enseguida, se veía agazapado entre las sombras. Pero El Cabril, en aquella posición también, quedaba en parte salvado por un milagro de la orografía. En la sucesión de la cordillera hacia poniente, tras la cima de la prominencia pastoril, una pequeña sima se abría. Permitía la entrada suficiente de los rayos solares que iluminaban por el flanco oeste la cumbre de El Cabril. Y era justo el lado de las hierbas secas del verano.

Se producía entonces, en aquellos instantes, el momento de la alianza, el momento de los dones, en aquel intercambio en el que las hierbas, todavía con nostalgia del verde antiguo de su niñez, ofrecían al sol todo el oro en agosto ganado, debido a una lozanía adulta; y el astro regalaba su luz a las pajas extendidas y esbeltas, otorgando un amarillo intensísimo a la cima que tú contemplabas desde la solana.

Era un momento extático para ti. Te advenía entonces la nostalgia del otro lado, de lo desconocido, de aquello que dejaba entresentir la pequeña sima de las crestas de la cordillera, que permitía el acceso de la luz poco antes de la amenaza de la noche. Y en aquellos instantes todo parecía quedar detenido. Y la altura de El Cabril, aquel penacho de las hierbas secas, permanecía en aquella eternidad fugitiva con la intensidad amarilla del final de la tarde. Y entonces el Dios enigmático de las cordilleras hacía que la melancolía te visitara, a la vez que aquella ansia de sobrepasar los límites, de conocer qué había del otro lado de las crestas.

Y tratabas, inmóvil, de emprender el viaje, de ser luz en la luz, oro en aquellas hierbas de la cumbre. Te ganaba un temblor que bien reconocías, el de todas las tardes del final del verano. Pero nunca podías dar respuesta a aquel momento extático, a aquella ebriedad que siempre terminaba en la caída de la noche.

De entonces, permanece en ti el sueño de esa inmortalidad que consiste en estar resucitado en el brezo, en la escoba, en el piorno, en la jara, en la carquesa, en la flor amarilla del chaguarzo, en el golpe en el yunque del martillo, que eternamente suena.

(*La madre de los aires*, 2021)

(dolmen de La Navalito, Lumbrales)

Piedras hincadas.
Memoria de la muerte.
Memoria de una luz que ya es misterio.
Memoria de un fulgor
Que sigue ardiendo en el
Silencio de la piedra.
Hito, presencia, elevación,
Pervivencia callada del origen
Aquí, hoy, todavía…

Piedras hincadas.
Piedras sagradas

(Ritual de la inocencia, 2023)

(*Monleón*)

La torre del castillo en el paisaje
A lo lejos, en un mundo perdido
Y la luz del verano,
Crepuscular y hermosa,
Que vuelve de un dorado melancólico
La escena que contemplas,
Como si fuera de otro tiempo,
Un espacio perdido
Que sigue ahí presente
Solo como espejismo,
Como estampa irreal para engañarte.
Pero en esta belleza la memoria
También tiene su parte, participa
En llevarte a otro tiempo, a tu pasado,
Iluminado por cristal de roca
Que encontrabais en días
Dichosos de lejana adolescencia
Al recorrer caminos
En busca de las aguas
Para el baño salvífico de estío.
La torre del castillo te devuelve
La memoria esta tarde,
Ese mundo perdido que retiene
La luz y la arboleda y las murallas
En ruinas ya pero perennes,
Pues hay algo que impide la derrota
Si lo vivido es verdadero

(*Ritual de la inocencia*, 2023)

(estela vadiniense)

Para José Enrique Martínez

Un sueño de caballos y de bosques
Vive aquí en esta piedra.
¿Quién la grabó? ¿De dónde
Proceden los impulsos
Que tallaron figuras y palabras
Para aplacar el triunfo de la muerte?
Es memoria callada
Del anhelo de un pueblo,
Que existiera en la Hispania donde nacen
Las aguas del Astura,
Por transmitir las huellas de su vida.

Hito de la memoria,
Esta estela nos trae hasta el presente
Un corazón grabado,
Que parece seguir
Latiendo más allá
Del tiempo, que conduce a la ceniza.
Porque todo lo hermoso conseguido
Existe en la belleza
Y funda territorios duraderos.

Piedra de fundación,
Piedra de la memoria,
Con las letras grabadas
Y el corazón y el árbol y el caballo,
Para conmemorar
Lo que fuera la vida en el origen,
Protege hoy también nuestro existir
Para que no olvidemos
Esa fraternidad
Que nos une con todo

(Ritual de la inocencia, 2023)

(contemplación desde Numancia)

Alta la luz que lo comprende todo
Y todo nos lo ofrece en el espacio;
Sabiduría clara y tan sagaz
Que ilumina la entraña de las cosas,
De la materia, para hacerla digna
De la contemplación.
Sucesión de las lomas, lejanías,
Pueblos que se dispersan
Como constelaciones,
Geometría ordenada de las hazas
Que habla de una labor
Aplicada y constante,
De vez en cuando hileras
De árboles trazados con un verde
Que protege los cursos de las aguas.
Este espacio ordenado,
Expresión de la vida,
Al amparo del curso de la luz,
Se vuelve metafísico,
Pues algo vibra en él
Que llega a la mirada que contempla
Para volverla cómplice
De tanta creación iluminada.
Y así el contemplador se purifica
Desde la altura antigua en que descubre
Con ojos imantados
Por un asombro niño
Este espacio callado
En que la vida late,
Como en una patena
Expuesto y ofrecido a nuestra alma

(Ritual de la inocencia, 2023)

(Miróbriga 1)

Las tres columnas,
La memoria antigua
De lo que fue el origen,
Dólmenes, castros, conmemoraciones
Y labores y anhelos
D los que apenas conocemos nada.
Todo lo difumina
La ceguera del tiempo.
Pero queda el lugar
Y las semillas enterradas
Y los hitos que ascienden a la luz
En busca del fulgor de lo perenne.
¿Y qué germinará
De aquello que hemos sido?
¿Y dónde latirá
Lo que un día amamos,
Aquello que entregamos
En el ara del mundo?

Esta mañana el ángel de la luz
Nos calma y apacigua

(*Ritual de la inocencia*, 2023)

(*Miróbriga 2*)

Y vuelves otra vez
A la ciudad antigua,
A su espacio acotado por murallas,
A esa melancolía del origen
Adherida a sus muros y sillares.
Algo hay en ella que se encuentra en ti
Resonancia del ser y del espacio
Que vibra en cada uno
De muy distinto modo.
Vuelves a la ciudad amurallada,
Que mira al río con indiferencia,
Movimiento y quietud que no se entienden,
Pese a lo cual conviven
El uno junto al otro.
Lo decisivo es la memoria
Y el sentido que alberga.
Y esa melancolía
De que todo transcurre
Y, pese a los regresos,
Todo se nos escapa

(*Ritual de la inocencia*, 2023)

(*San Martín de Frómista*)

Aquí,
En este espacio puro, protector,
Despojado de todo lo accesorio,
Donde aún lo sagrado se vislumbra,
Me encuentro esta mañana.
Esta serenidad me purifica
Y me siento ofrecido en este espacio,
Entregado a su sueño, a su armonía,
Al silencio que habla en los sillares,
En las columnas y los capiteles,
A la armonía de sus proporciones
Que me reviste de serenidad.
Aquí,
En este espacio austero y tan vibrante,
Con el solo encontrarme esta mañana
Me protejo y me salvo

(*Ritual de la inocencia*, 2023)

(sarcófago de La Legoriza)

Para Santiago Esteban Frades y Carmen Romero

Ah, el sarcófago tosco
Tallado en el granito,
Contemplado en la tarde de verano
En un poblado antiguo de pastores
De tiempo visigodo.

Humildísima urna funeraria,
Abandonada por el tiempo
Y por la desmemoria,
Ella acogió los restos de los seres
Por la muerte tocados
Y fue testigo del dolor
De quienes los querían y velaban.

Qué queda hoy de todo aquello.
Tan solo la belleza del lugar
Protegido y amado por el bosque.
Y esa melancolía de las ruinas,
Con la urna vacía
Ofrecida a los cielos
Como cuenco formado
Por las manos del mundo.

Ah, sarcófago tosco
Tallado en el granito,
Humildísimo emblema del descanso
Eterno y del olvido
Como destino de
Lo que vive en el tiempo,
Cómo nos zarandeas esta tarde
Y nos haces temblar.

Pese a que lo ignoremos,
Ese cuenco, esa urna, ese sarcófago

Espera nuestro cuerpo derrotado
Para llevarlo al corazón
De la materia,
Pues del destino de nuestra conciencia,
De aquello que llamamos nuestra alma,
Nunca sabremos nada

(*Ritual de la inocencia*, 2023)

(*Arribes hondas*)

Por las Arribes hondas
El Duero pasa,
Lleva dos afluentes
En su compaña,
Son el Águeda y Tormes,
Rumor de aguas,
Al océano, lejos,
Donde descansan.

Yo me iría con ellos,
Daría el alma…

(Ritual de la inocencia, 2023)

(*Jálama*)

Nombre sonoro y alto,
Montaña que es al tiempo
Pirámide en su forma
Y faro en su función de hacer visible
Un espacio perdido en el poniente
Entre el norte y el sur.
Jálama, nombre hermoso,
Acaso de algún dios
Antiguo del lugar, que protegiera
Las tierras olvidadas del oeste,
Abandonadas hoy por todos
Y dejadas ahí
A merced del olvido,
En extraña deriva hacia el misterio
Del final de la tierra

(*Ritual de la inocencia*, 2023)

(flor de la adormidera, en jarra de Talavera de la Reina)

Esbelta forma de la jarra, hermosa
Caligrafía de la adormidera,
Dibujada en el frente
De la airosa vasija
Que contemplaras siempre en la niñez.
Aquella flor con su policromía
Te acompañaba noche a noche
Y te libraba de los miedos
Con su presencia protectora.

Ya es flor de la memoria para ti
Y es talismán y es júbilo
Y es presencia constante
Del universo del origen,
Icono que le da sentido al mundo.

Pero ignoras el uso que le dieran,
Ignoras si contuvo vino o agua,
Si calmó alguna sed
O llevó a la ebriedad
A los participantes
En la celebración del existir,
Cuando libaran en algún banquete.

Flor de la adormidera
Dibujada con tino
Sobre el blanco tan limpio de la jarra,
Eres rama de oro,
Emblema de la luz
Para salvar el orco de los miedos,
Eres también memoria
Que florece en el huerto de la sangre

(*Ritual de la inocencia*, 2023)

(valle del Esla)

Las aguas pasan en la tarde, el tiempo
Parece detenerse
En la iglesia rural.
El funeral de un hombre
Segado antes de tiempo. ¿Qué nos queda?
La ribera es hermosa en el verano,
Vista desde la acrópolis
Del monte en que se encuentra el cementerio.
Este silencio es una invitación
A integrarse sin más aquí en el todo
Campesino que lleva a un panteísmo
Donde la muerte no es tragedia,
Sino tan solo un deshacerse dulce
En el río, en el monte, en la ribera
Y dejarse mecer ya sin conciencia
En un manso fluir hacia el misterio

(Ritual de la inocencia, 2023)

(*Viena*)

Viena, Danubio azul, la melodía
De lo contemporáneo,
Egon Schiele, Canetti,
El beso, Gustav Klimt,
Freud en lontananza,
Ay, tan antiguo ya,
Y la historia que fluye
Al ritmo de las aguas,
Como si no fluyera,
Que lleva hacia la nada los imperios
Que se asentaran en lo permanente,
Porque nada pervive pese a todo.
Auto de fe, Canetti,
La obsesión desmedida
Por el conocimiento
Como modo de amor.
Pero el Danubio fluye,
Hermoso vals del agua
Al paso imperceptible
Del panta rei, del vértigo
Que conduce a la muerte.
Viena, Viena, el Danubio
Que se lleva los fastos
De todos los salones.
Porque lo decisivo
De cualquier existir
Es la vida del alma,
El existir concreto con los otros.
Bello Danubio azul,
Vals de rítmicos pasos
En el salón del mundo

(*Ritual de la inocencia*, 2023)

(laberinto de Chartres)

Entro en el laberinto
Por las líneas que marca la figura,
Recorro vericuetos que me abisman
Y tratan de perderme.
¿Hacia qué territorio
O centro me conducen?
Me parece habitar
Una rosa infinita,
Cuyos pétalos trazan
Líneas innumerables
Por las que me extravío.
Voy sin hilo ninguno, a cuerpo limpio,
Por estas geometrías
Del círculo y la cruz.
¿Es la totalidad lo que me muestran,
El universo como plenitud,
Las direcciones cardinales,
O me llevan a un centro
Donde el vacío es
El único sentido
Del existir, de todo?
Desorientado voy
En buscar de salida.
¿Será acaso la muerte quien me espera?
¿Lograré descifrar
El enigma callado de la rosa?

Vivo sin hilo alguno, a cuerpo limpio

(Ritual de la inocencia, 2023)

Estancias

(Ámbitos íntimos)

EN AQUEL CORTINAL

Del cortinal las lilas
Caían en la tarde fugaz de primavera.
Niño, jugabas con la tierra
Bajo las copas de los guindos
Que ofrecían sus ramas a un delicado cielo;
Y las mujeres sentadas en los poyos,
Frente al sol, resguardadas,
Cosían en los lienzos, en las telas de lino,
El desamparo virgen,
La soledad primera
Que a diario vivíais entre un rumor de esquilas.
Era quietud el aire
Y los lirios labraban aromas en silencio;
Tañían las campanas un misterioso salmo
Mientras las golondrinas
Tejían de rumores el cendal de los sueños.
Y vosotras, absortas,
Penélopes del tiempo, del olvido,
Consumíais las horas en bordar la derrota
En retales que aún tiemblan
En las puras estancias del recuerdo.

En aquel cortinal,
Con las lilas de un llanto antiguo y lento...
¿Dónde la aguja que enhebrabas, madre,
Para en vida zurcir
Los rotos calcañares de la escueta pobreza?
¿Dónde los claros bastidores
Que recogen las telas
En que se hallan bordados ya de sombra
Los signos capitales de mi infancia?

(*Un jardín al olvido*, 1987)

LA SALA

Las ramas del cerezo llegaban a la sala
Con su intenso frescor y el rojo de los frutos
Por la ventana abierta.
Y la brisa del río movía las cortinas
Con un vaivén de flores estampadas de luz
Ondas blancas de sueño
Ninfas que de las aguas moraban en las telas
Que en viento en la ventana meneaba despacio
Con pausado rumor.
La mesa de nogal en el centro callada
Con florero de vidrio, con secretos aromas
En la muda penumbra.
En la pared la cómoda con sus adornos quietos
El conventino, tazas, fotos, recuerdos, vírgenes
Ingenua devoción
Y los cuadros colgando con escenas sagradas
De los muros blanquísimos, Cristo y la de Samaria...
Qué estampas tan intensas.
Las alcobas guardaban misterios de la noche
Horas de amor gastadas en abrazos y entregas
En repetir la vida
¿Qué secreto encerraba la noche en las alcobas
De la sala dormida? Albergaba su olor
La estancia en las mañanas
Olor cálido, humano... Sobre los maceteros
De los rincones plantas con sus hojas colgaban
Derramando el verdor.
Y en el palanganero la toalla de lino
El jarrón y el espejo y un rostro que soñado
Se escondiera en su azogue.
El niño abría la puerta de la sala furtivo,
De aquel prohibido espacio. Volaban las cortinas
Con sus ondas suavísimas.

Los objetos le hablaban con un lenguaje mudo
Dirigido a sus ojos, ojos desorbitados
En la contemplación.
Y cerraba la puerta con sigilo, con tacto,
De aquel jardín vedado para sus ojos niños.
Las ramas del cerezo...
                        De su ilusión brotaban.

(*Un jardín al olvido*, 1987)

LA PUENTE

Antes que los artículos del nombre
Enjaulados en ásperas gramáticas
Dividiendo las cosas
En extrañas parcelas,
Ya existía *La Puente*
En el lenguaje azul de la inocencia.
Y los niños hundíamos nuestros pies en el agua
Ante el mirar amorosísimo
Del ojo que formaban los sillares
De la puente sombría,
Y atrapábamos prestos veloces renacuajos
Que se nos deslizaban
Por las manos aún tersas de la vida,
Y en latas de conservas
Echábamos sus cuerpos diminutos
Como si de peceras
De finísimo cristal se tratara.
Florecían pausados los saúcos
En la orilla del río
Y volaban por ellos veloces lavanderas
Posándose mimosas en sus ramas,
Mientras que las nogales
Asomaban su cara misteriosa
Al espejo luciente de las aguas.
Y las yedras colgaban de la puente
Cual pendientes que a reina engalanaran
Con un verdor quietísimo
Solo asustado por las limpias
Voces de los muchachos.
Era el reino fecundo de la matriz, del vientre
Y de lo femenino,
La puente traspasada por las aguas
Vivas y puras
Antes de los artículos

(*Un jardín al olvido*, 1987)

DINTELES

Huellas de piedra húmeda. De granito mojado que empapa la memoria. Dinteles en las puertas de las casas. Umbral. Marco de entrada al espacio íntimo. De salida al espacio público. Liminar. Y, encima del umbral, el dintel, la piedra grabada, señalada, poblada de signos, de marcas que identifican la morada.

¿Qué decir de los dinteles que no esté alojado en el corazón del granito, en su rugosidad, en su relieve accidentado? Huellas, marcas, signos. Nunca escudos nobiliarios. Sobre todo, anagramas religiosos, frases piadosas, oraciones, jaculatorias, escudos de las órdenes de frailes. Signos, en suma, que identifican al creyente que, a través de la piedra, da fe pública de su credo.

Dar fe pública. De puertas afuera. ¿Qué impulsaba a ello? ¿De dónde surgía esa necesidad? Y aquí nace la leyenda, una leyenda arraigada en la historia. Parece que Alfranca ha sido tierra de conversos. De seres que, ante el decreto de expulsión, prefirieron guardar fidelidad al espacio del origen, aunque para ello tuvieran que cambiar de creencia religiosa. De puertas afuera. Y esta fidelidad a la tierra originaria les hizo grabar en los dinteles signos de la nueva fe. De puertas afuera. ¿Qué habrá ocurrido dentro? ¿Qué ritos no se habrán celebrado? ¿Qué ceremonias no habrán congregado al clan, a la familia, a aquellos conversos de Alfranca? Es un misterio que guardan, ya tan mudas, las casas. De puertas adentro. ¿Dónde habrá ido todo el rumor de cánticos, de ofrendas, de oraciones, de plegarias? Quizás Yavé lo sepa. Y acaso los dinteles con sus signos.

Mitras pontificales. Llaves del reino de los cielos. Anagramas de María y Jesús. Oraciones piadosas. Escudos monacales. Jaculatorias breves. Huellas, marcas, señales, de los dinteles de Alfranca. Alojadas en la humedad del granito, en el marco fronterizo del umbral. Liminar. De puertas afuera. De puertas afuera.

(*Las cordilleras del alba*, 1991)

ESTANCIAS

Recintos de interior. Vividos. Unos a diario, cotidianamente. Otros, espacios mucho más secretos, que sólo se abrían y era posible contemplarlos en muy pocas ocasiones. Y estos últimos ejercían intensa fascinación en ti. Cuando la mirada podía penetrar en su interior, desde el umbral, un mundo en penumbra, con las cosas quietas, con el aire como detenido, se revelaba a tus ojos.

De todas las estancias de interior, sigue acudiendo a otros ojos tuyos, despojados de tiempo, la sala. Tu madre, en ocasiones, olvidaba cerrarla con la llave que siempre guardaba en el farraco, y entonces recorrías el pasillo que llevaba hasta ella y, con muchísimo cuidado, procurando no levantar ruido alguno, con todo el sigilo propio del acto clandestino, entreabrías su puerta y todo un universo misterioso y secreto se mostraba a tu mirada llena de temblor.

Espacio cuadrado, con alcobas en uno de sus flancos, veladas con la textura áspera y laboriosa de cortinas de lino; en sus paredes, que albergaban la blancura de la cal, colgaban cuadros religiosos, alfileteros y vitelas de monjas; llevaban los suelos un entarimado de maderas de castaño, anchas y gruesas; los techos se cerraban con vigas, cuartones y tablas del mismo árbol, de un color oscuro que contrastaba con el blanco de las paredes. En su centro, un bufete de nogal se enseñoreaba del espacio, con patas torneadas y cajones con algún adorno geométrico, donde se guardaban documentos familiares. Y, colocados junto a las paredes, con un orden que proporcionaba a la sala serenidad y severa armonía, los muebles otorgaban al recinto su quietud: una alacena, con rejilla de tablitas cruzadas, que evocaba lo islámico; un platero, empotrado en la pared –los había como muebles exentos-, en el que se exhibían, en un alarde de formas y colores, lozas de Talavera y Puente del Arzobispo, con sus pájaras, sus golondrinas, sus encomiendas, sus cenefas en círculo, sus palmas, sus geometrías, sus adormideras o sus cipreses…, trazados con verdes, amarillos, marrones o azules desvaídos o intensos; una cómoda sobre la que tu madre tenía colocado el conventino y varias estatuillas religiosas, y encima de la cual colgaba un espejo de la pared que reflejaba el espacio interior; un escaparate sobre la mesa, que guardaba entre sus cristales un Cristo crucificado con la Dolorosa a sus pies; algunas arcas, que albergaban alhajas y trajes antiguos y sobre las que estaban colocados cántaros y embudos de cobre; un palanganero de madera, con espejo, y con jofaina y palangana de china y toalla de lienzo de real con tejidos geométricos...

Y contemplabas, sin atreverte a traspasar el umbral, desde la puerta, aquel universo cerrado, quieto, entregado a sí mismo, que más tarde descubrirías como ámbito muy español, presente en las celdas monacales y en los salones palaciegos, y reproducido en algunas atmósferas de cuadros de Velázquez o Zurbarán. A veces, la ventana que daba al cortinal se hallaba entreabierta y asomaban por un rectángulo las ramas del cerezo con las distintas coloraciones –blanco, verde, rojizo o gris- según la estación; las cortinas, caladas y con personajes mitológicos, acaso ninfas, eran movidas por el aire en vaivenes dichosos. Y una magia llena de ebriedad te era transmitida en aquella íntima y secreta contemplación. Cerrabas la puerta y volvías al mundo lleno de una plenitud incomunicable.

(*Las cordilleras del alba*, 1991)

LA PUENTE

El género gramatical de las palabras. Siempre es más entrañable el femenino para nombrar las cosas: la calor, la mar, la puente... Existe en Alfranca el barrio de La Puente, al bajar de Las Espeñitas, en él se encuentra también El Conventino, escalera de granito con su barandilla, donde las mujeres, en las tardes plácidas, se sentaban con la costura y los niños, en las noches veraniegas, nos contábamos cuentos e historias. Era el universo de la fábula. Barrio con una hermosa puente de piedra granítica, de la que cuelgan, o colgaban, hiedras muy verdes, y de la que brotaban plantas de cirigüeña, con sus florecitas amarillas y su jugo cremoso que salía del tallo al cortarlo. Mi primer conocimiento de puente fue el femenino: La Puente.

Y desde entonces, los puentes –en masculino– son para mí de hierro, metálicos, de cemento o de hormigón, ingenios todos modernos, productos del progreso, despersonalizados, como muchos de los edificios recientes de la mayoría de las ciudades. Sin embargo, las puentes –en femenino– son antiguas, de otros tiempos, de piedras y sillares, con formas recogidas y sencillas, a veces elevándose en su centro, como trazando un ángulo, otras veces rectas, con sobrias barandillas; en ellas crece amorosamente la maleza, la hiedra, o las plantas silvestres, recoletas, como adornos naturales. Los puentes suelen ser grandes, enormes, inabarcables a veces; las puentes, más bien recogidas, pequeñas, artesanales, de una belleza antigua, que nos convoca a un pasado, a un tiempo originario, que olvidamos con frecuencia y que ya, desde luego, hemos perdido para siempre.

En Alfranca no existen los puentes sino las puentes; bajo sus arcos corren las aguas de nuestro devenir, de nuestro paso fugitivo por un espacio privilegiado, lleno de ritos antiguos que guardamos como herencia. Yo nací en La Puente, en el ámbito femenino de La Puente, y sé de cortinales con cerezos y guindos, de terrados con tiestos y geranios y gitanillas. De niños, íbamos con botes de hojalata oxidados a coger renacuajos en el río; hundíamos nuestros pies en sus frías aguas; cerca estaba el molino y el charco La Parra, que nos parecía muy hondo; los saúcos adornaban las orillas del río y en ellos se posaban las veloces y vivas lavanderas...

La Puente. Con sus barandillas de granito. Y su calzada empedrada, por la que pasaban caballerías y rebaños de cabras y de ovejas –las borregas– y niños y mujeres, y los hombres con un sacho o con la hoz o con la horca o la petalla. La Puente... cuántos secretos sabe de nosotros, cuánto misterio entre sus piedras lleva.

(*Las cordilleras del alba*, 1991)

CORTINALES

Los cortinales tras las casas, a los que se accedía por una puerta trasera. Espacios al aire libre, donde se desarrollaba, durante el buen tiempo, parte de la vida doméstica, e incluso, también en el invierno, en los días soleados.

Jardines cerrados, libres de las miradas callejeras, de la curiosidad de los extraños; recintos exentos del tráfago exterior, cercados con paredes de piedra, a las que con la humedad les salía un musgo espeso de un verde aterciopelado. Poblados por cerezos y por guindos, por algún lilar que en primavera esparcía olores morados y blanquecinos por el aire, llenos de un júbilo vegetal. Y, en ellos, los laureles, elevándose al cielo con sobria solemnidad; sus hojas con las granas coronaban el mundo, al par que el reloj de la torre entonaba las horas, con tañidos de bronce.

En su espacio, junto a la trasera de la casa, se hacía lumbre incluso, en la que hervían, durante la mañana entera, los pucheros de barro o de porcelana. El fuego familiar a cielo abierto, atizado por manos femeninas que cuidaban la vida, unas manos vestales que ofrendaban las llamas a los dioses del tiempo.

Mas el recuerdo de los cortinales va asociado al de las tardes en mí, tardes soleadas de cualquier estación, en las que las mujeres, sentadas en un tablón de madera, arrimado al resguardo de una solanera pared, cosían o bordaban sábanas y paños, remendaban camisas o pantalones, zurcían los calcañares de los calcetines, con una bombilla eléctrica fundida, que facilitaba la tarea. Allí todas en hilera, arrimadas unas a las otras, con el murmullo de sus conversaciones o de sus rezos. Y los niños merodeando en su cercanía, bajo las copas protectoras de los guindos, entretenidos en sus juegos y canciones.

Cómo no asociar a las mujeres con el tejer del tiempo en la urdimbre pasajera de las horas. Y ahora, en el cañamazo roto de la memoria, voy intentando trazar las figuras aquellas que en las tardes bordaban los colores de la vida, sus perfiles más verdaderos. Y un aroma de lirios llega hasta mi recuerdo.

(*Las cordilleras del alba*, 1991)

EL CONVENTINO

Recinto abierto, en la calle, para las tardes de costura o las noches de serano. Recinto ocupado por los niños que, en el buen tiempo, antes de irnos a acostar, nos sentábamos allí a contar y relatar cuentos e historias, a adivinar acertijos, a entonar canciones. Eran unas gradas de piedra, unos escalones de granito, que subían, defendidos por una barandilla de hierro forjado, hasta el portal de la casa de una de las mujeres de La Puente. Esto era El Conventino: acceso escalonado y granítico a la casa, con barandilla y balaústres de hierro.

Recinto mágico para los niños: cuchicheos, secretos, narraciones, voces y gritos... Allí sentados, en las gradas, mientras los padres y las madres, en el reposo del final del día, sentados en los poyos, compartían un serano más apagado, más tranquilo, contándose sus cosas, tan alejadas del mundo de los niños.

Las noches de serano de Alfranca, en todas las estaciones, en todo tiempo. Cuando, entrado el otoño, iba llegando el frío, varios vecinos, o familiares, se juntaban, de serano, en la cocina de una casa, arrimados a la lumbre, y se ponían, por ejemplo, a desgranar frejones, mientras charlaban sobre las faenas de los huertos, los ganados, los frutos, el tiempo o las incidencias ocurridas en Alfranca. También rezaban, desgranando, el rosario.

Y, por las tardes, se sentaban a coser las mujeres en las gradas del Conventino, si el buen tiempo acompañaba. Los niños, al salir de la escuela y regresar a casa, íbamos allí y besábamos la mano a nuestras madres y a las demás personas mayores, al tiempo que recitábamos todas las tardes escolares tras el rito del beso:

Bendita sea tu pureza
y eternamente lo sea,
pues todo un Dios se recrea
en tan graciosa belleza.
A ti, celestial princesa,
Virgen sagrada María,
yo te ofrezco en este día
alma, vida y corazón.

Mírame con compasión,
no me dejes, Madre mía.

El Conventino. Espacio laboral para las mujeres, que cosían, bordaban, remendaban o zurcían sus telas. Espacio mágico para los niños, quienes, en las noches cálidas, soñábamos historias, inventábamos ciudades y espacios maravillosos, jugábamos gozosos o repetíamos los ritmos de las canciones aprendidas, los signos de un paraíso fuera del tiempo.

(*Las cordilleras del alba*, 1991)

CAPITEL

Dos pájaras que giran
Circulares su cuello hacia la esfera
Que en medio de ellas posa
Su quietud en la piedra tan callada.
Las ramas del ailanto
Tiritan contra el ábside amarillo
Con su verde tristeza en esta tarde,
Esta tarde de estudio en una estancia
Que muestra este paisaje
De pájaras tristeza
De esfera cuello ailanto.
Entre los anaqueles
Sueñan los libros mudos
Mientras tañen su llanto
Las campanas del ángelus.
Y el hombre ante su mesa
Con la mano en la página apagada
Siente pasar el tiempo
Con sus alas de sombra por el aire,
Con su tristeza tiritando.

(*Paisaje de invierno*, 1993)

LA ESTANCIA

A José Jiménez Lozano

El espejo recoge las luces de la tarde
Y la fuente derrama misterioso rumor
En el jardín cercano.
Trepa la hiedra hasta el balcón. Los pájaros
Dilatan su volar entre las ramas.
Recinto sosegado por la cal
Que regala al espacio su blancura.
Las paredes calladas delimitan el ámbito,
El jardín interior en el que el hombre
Sueña o medita mientras pasa el tiempo.
El mundo en su quietud está cifrado
En la estancia con todos sus contornos:
El blanco de la cal en las paredes,
Las rojizas baldosas en el suelo,
Del techo las maderas, oscuro artesonado,
Y la puerta y ventanas que atesoran
La geometría de sus cuarterones.

Abre el hombre su libro
Dispuesto en el atril sobre la mesa,
Sus palabras le prestan sosegado consuelo,
Mientras se van las horas,
Mientras llega la noche.

(*Paisaje de invierno*, 1993)

ESTELA PARA ESCUELA PRIMARIA

Mudas ya las grafías
De las pizarras todas;
Desvaídos los mapas por la herrumbre del tiempo;
Ya reseca la tinta
Y aquellos palilleros y plumines
De la caligrafía;
Los pupitres deshechos, podrida su madera;
Las láminas de Historia
Sagrada de los sábados,
Carcomido el papel con sus figuras;
Y la voz del maestro
Quebrada por el viento de tantos calendarios...

Ahora sé cómo en piedra
Tendría que grabar la mansedumbre
De aquellas horas niñas
Entonando la tabla o recitando
Los catecismos de la ausencia.

(*Estelas*, 1995)

LA CASA BAJA

La Casa Baja. El Maíllo. Ruinas
Entre los robles, entre los castaños,
Que un tiempo fueron oración, hermosa
Música levantada sobre el bosque.
Quien labró aquí estas fábricas, quien hizo
De la piedra morada del silencio,
¿Dónde se halla hoy que todo está perdido,
Que ya es desolación lo que fue cántico?
No están los que habitaron las estancias
Que fueron sede del recogimiento,
Sólo mora en su espacio el abandono
Tal lagarto escondido entre las zarzas.
La maleza profana lo sagrado
Y ya esta fundación vuelve a la tierra
A ser olvido, decadencia, ruinas,
Cenizas de un fulgor que ayer fue himno.
Aquí la mano mancilló la piedra,
Quebró de las columnas la ascensión,
Deshizo la armonía de los arcos,
El claustro convirtió en jardín salvaje
Con la rosa letal del abandono,
Con el picor de olvido de la ortiga.
El saúco, el negrillo, la maleza
Ocupan la extensión de los sillares;
Del refectorio el púlpito pregona
El mudo crecimiento de las zarzas;
La cúpula nos muestra que hubo cantos
Hoy acallados por la destrucción
Y establos de ganados son las naves
De una iglesia que se halla profanada.

¿Es que ya no podemos celebrar?
¿Ya no podemos entonar los himnos?

¿Ya no asciende el clamor hasta lo alto?
No se escucha el rumor de las plegarias
Y vuelve hacia la tierra lo erigido
Como recinto de oración, clausura,
Contemplación, recogimiento, cántico.
Dilata el abandono su extensión
Por los recintos que habitó el silencio,
Por las estancias que se consagraron
Para albergar la lámpara sagrada,
El rumor de los seres hacia el aire
En que se encuentra la divinidad.
Recorre herido el animal del tiempo
Los intersticios de la piedra, el muro
Que trata de ascender frente a la quiebra,
La muda sucesión de las arcadas,
Las celdas que cobijan sólo al aire.
Lo que fue de la tierra vuelve al suelo,
A los limos sin fondo del olvido.
¿Y no va a haber resurrección? La incuria
¿Va a ocupar el lugar del entusiasmo,
El anhelo vital de plenitud?
Tendrá que hablar la piedra, el corazón
Tendrá que rescatar de aquí el latido
Que ha sido y es memoria, aliento,
Afirmación del ser, divina música
Que pone en consonancia el existir
De los hombres y el mundo.

(*Estelas*, 1995)

LA CASA

De mi casa, piedra tras piedra,
Soporto la demolición

RENÉ CHAR

Fue la casa el primer
Espacio del que fui desposeído.
La marca del exilio allí estaba presente.
Del lugar primordial fui despojado
Y ahora cuando pronuncio
Conventino, laurel,
Cortinal, campocasa,
Sala, cocina, escalerón, alcoba,
Cerezo junto al río,
Mi voz expresa al aire las heridas
De la caligrafía de la ausencia.
Otros ámbitos luego
Acogieron mi estar en el espacio,
Mas ninguno fue cifra
Del lugar primordial que me fue dado
Para habitar el mundo.
Hoy no existe la casa
Que me acogió en la tierra,
Que recibió el inicio de mi aliento;
Solo el peregrinaje de lugar en lugar
Y un espacio en la luz de la memoria
Que da sentido al mundo y que nos salva:
El lugar primordial,
La casa que fue reino.
Exilio del lugar es mi palabra.
Cuando se ha conocido
El espacio indeleble del jardín,
Toda la vida es búsqueda
Para volver a hallarlo.

(*Las sílabas del mundo*, 1999)

CLARABOYA

Las escaleras de castaño mostraban nítidas las vetas de la madera como si fueran enigmáticos itinerarios que confluían, se bifurcaban o recorrían paralelos el camino hacia la confluencia de algún nudo oscuro. El niño subía parsimonioso los escalones, para detenerse, como de costumbre, en la luz que descendía por la claraboya hasta el descansillo o escalerón, situado en la mitad de la ascensión hacia los pisos altos. Allí permanecía largo tiempo y miraba hacia arriba. El cielo lo esperaba y, en la contemplación, experimentaba un hechizo que lo tenía paralizado durante interminables minutos. Las tejas de cristal, en sus ondulaciones superpuestas y ensambladas, no impedían el paso de la mirada hacia lo alto, hacia los ámbitos celestes. De vez en cuando, el vuelo de un pájaro dejaba sus señales en el recuadro luminoso. O un intensísimo azul dejaba en la luz sus huellas de pureza. Pero el niño esperaba la llegada de los fenómenos atmosféricos que, por más tiempo, lo dejaban hipnotizado: los machacones y golpes obstinados del granizo contra las ondulaciones de las tejas acristaladas, que no conseguían romperlas; el sonido amortiguado y sigiloso de las gotas de lluvia, que provocaba en sus oídos un efecto cercano a la dormición; las flores geométricas de las heladas nocturnas, que el sol de la mañana regalaba a los aires; la cortina de lienzo de la nieve, que velaba por unos días la altura... –¿Qué haces ahí parado? –le decía el abuelo al descubrirlo detenido en el escalerón–. Sube, que se hace tarde. Cuando llegaba a la cocina, ya había entregado sus ojos a los enigmas celestes. El lucernario o claraboya le daba la posibilidad de contemplar vuelos, geometrías, sonidos..., que mantenían en sus días el hechizo de la inocencia.

(*La casa del alma*, 2015)

CONVENTINOS

Arte elaborado con materiales humildes. Sin conciencia apenas de que se creara con él belleza alguna. Arte en forma de casitas o habitáculos de cristal, en cuyo interior aparece representado algún misterio religioso o alguna escena conventual. Con recortes de papel, con ramas y palitos, con flores secas y pajas, con estampas, con envoltorios de caramelos, con algodones, con piedras y arenillas, y pequeñas maderas, con cartoncillos y tantos otros materiales al alcance de la mano. Arte pobre. Arte de religiosas, de monjas, con esa ingenuidad que brota de todo lo sometido a despertar la devoción de las gentes. Me quedo con el conventino del Nacimiento del Niño, con esa escena resuelta con humildad y hechizada en el fanal de los cristales. Me ha acompañado desde niño. Es un reducto que permite anclar en él las amarras a mi memoria afectiva. Arte de monjas, arte pobre. Pero que sigue ahí, en ese habitáculo defendido por la transparencia de los cristales, como casa del alma, como casa del ser.

(*La casa del alma*, 2015)

CORTINALES

Tras de las casas, los espacios ajardinados e íntimos. Cortinales. En los que cosen y bordan las mujeres en las tardes apacibles, embaídas con sus hilos y sus telas, aunque también con las voces bajas de confidencias y secretos. En los que los niños actualizan el tiempo mítico y eterno de la infancia. Cortinales. Reductos de una manera lenta y sosegada de estar en el mundo. En ellos se urde el estampado de la intimidad. Espacios de interior. Jardines para estar en paz y en armonía. Con sus cerezos y lilares protectores, con sus guindos menudos, con la intensidad morada de sus lirios. ¿Dónde hallar otros reductos como ellos amenos, acogedores, recogidos, con esa protección cálida de todo lo que tiene que ver con la matriz, con lo maternal, con lo femenino? No recuerdas en ellos apenas a los hombres; su ausencia de ellos hoy te resulta significativa. Sólo los niños y las mujeres. Como si en aquellos paraísos únicamente tuvieran cabida la inocencia y la delicadeza, figuras ambas de la mansedumbre.

(*La casa del alma*, 2015)

LECHOS ALTARES

Los lechos de los cuadros de Francis Bacon son como altares. Y, sobre ellos, la ofrenda de la soledad, de la desprotección humana, cifrada en cuerpos de torsiones violentas –esas musculaturas de la desesperanza– y de rostros desdibujados. Porque la única salvación es la espera del otro, a partir del que surge la posibilidad del abrazo y el reconocimiento de uno mismo y de los demás. Y esos lechos altares de Francis Bacon, que exponen como ofrenda la soledad de la carne, hablan también de los anhelos del ser despojado, recogido en su propio cuerpo, que no lo defiende de nada, pues se halla a la intemperie, acotado por bordes, en todas las direcciones, que expresan el precipicio y el vértigo de la caída. Porque estos lechos altares de Francis Bacon exponen, en toda la extensión de su intemperie, criaturas caídas, ángeles ya sin alas. Que parecen necesitar –pues en ellos hay también una súplica callada– la presencia del otro, de los otros.

(*La casa del alma*, 2015)

CASA DEL ALMA

–¿Y el alma? –preguntó.

–Es lo más importante –le contestó el amigo–. Todo radica en ella. Solo distingo dos ámbitos y dos tipos de seres: los que la tienen y los que la niegan, los que la afirman y los que la sacrifican, en favor de intereses y de mezquindades, como ocurre en la cueva.

El alma configura una casa. Es el espacio de la protección. Casa del alma. El espacio de la fraternidad. Las palabras, cuando nos iluminan y consuelan, cuando ejercen de venda del afecto, son la casa del alma.

¿Y nos la merecemos? ¿No tendremos cerradas sus estancias? Casa del alma. Morada. Lugar de la palabra. Espacio vivo de fraternidad. En la cueva no existe. Es un lugar sin alma.

Pero uno de los dones que la vida nos ha dado son los amigos del alma. Están ahí, en todos los momentos de nuestro itinerario. Son figuras de nuestra gratitud. Nuestro silencio los nombra día a día. Los amigos del alma. En la casa del alma.

Por eso amamos las palabras más claras: fraternidad, ofrenda, invocación y súplica, entrega, mundo de los afectos... Porque tienen que ver con el alma. Porque configuran una casa en la que caben todos. Casa de la palabra. Casa del alma.

Y llegar hasta ella, y llegar a su centro, es lo que hemos tratado de hacer a lo largo de toda nuestra vida.

Antonio Machado lo entendió muy bien, al hablar de esas secretas galerías que nos llevan hasta el centro, hasta el alma. Porque el itinerario para acceder a ella es el de las dimensiones de la vida, de cada una de las vidas.

–Ahora sé –replicó el que preguntara– a qué te refieres cuando me hablas, desde hace ya tiempo, de la casa del alma, que, en ti, es también casa de la palabra.

–Y casa del silencio –terminé contestando.

(*La casa del alma*, 2015)

(*luz de fraternidad*)

Aquí en mi casa todos mis hermanos
Tendrán cobijo si lo necesitan.
Aquí en mi casa todos mis hermanos
Tendrán un plato si lo necesitan.
Aquí en mi casa todos mis hermanos
Tendrán afecto si lo necesitan.
Aquí en mi casa todos mis hermanos
Tendrán sosiego si lo necesitan.
Aquí en mi casa todos los hermanos
Tendrán silencio si lo necesitan.
Aquí en mi casa todos mis hermanos
Tendrán mi escucha si la necesitan.
Luz de fraternidad
Es lo que más necesitamos

(*La protección de lo invisible*, 2017)

(biblioteca)

Toda biblioteca
Es un paraíso,
Un palacio encantado
Donde se alberga el mundo
Y en cuyos libros viven
Los molinos de viento
O las dudas de Hamlet,
Macondo, Trapisonda, Liliput
Que nos esperan siempre
Para cobrar más vida
En nuestro corazón.
En los libros habita
La humanidad entera,
Son memoria salvada
Que nos entrega el tiempo
Porque a través de ellos
Podemos recrear como lectores
La belleza del mundo,
Las gestas de las gentes, de los pueblos,
Los logros todos de la humanidad.
Pues toda biblioteca
Semeja un paraíso
Que algún dios nos entrega

(La protección de lo invisible, 2017)

(rellano de escalinata: ángel en vidriera de ventanal)

Ruega silencio el ángel
A todo el que contempla su figura.
Extiende el dedo índice
De su mano derecha
Y lo lleva hasta el centro de sus labios
Como una invitación.
Sus alas desplegadas
Nos indican que pronto
Va a reanudar su vuelo,
Al que también, callado, nos invita.
Silencio y vuelo son
Los dos modos que elige
Quien se encuentra en el mundo de otro modo.
A ello se nos invita,
A llevar una vida de atención
A todo aquello que se nos escapa
Por esa distracción banal y estéril
En que nos sume el mundo

(La protección de lo invisible, 2017)

VUELVO A ENTRAR EN LA SALA

Me llega a la memoria, envuelta por la luz que, desde la ventana, procedía de aquellos cortinales de cerezos y lirios, de paredes y lilas, de tardes de costura y mañanas de juegos. La cortina dibuja geometrías y seres que solo entre las telas pudieran habitar.

Y su espacio interior, que vuelve a descubrirme la luz de esta mañana, es el que me revela que hemos sido felices en aquel tiempo primordial en el cual nuestro ser se abría al mundo y de él recibía las más vivas imágenes.

En el centro, el bufete, de madera tan noble de nogal. Y el tapete ocultando su superficie oscura. Sobre la tela, el almirez, dorado y silencioso. Y las cuatro paredes a los lados, amparadas por el blanco tan puro de la cal, enmarcando el espacio en el que más acogidos nunca nos hayamos sentido.

La cómoda, arrimada junto a una de ellas, la hemos sentido siempre como altar, en el que se celebrara alguna ofrenda a la quietud del aire que en la sala reside. Sobre ella, el conventino, conteniendo en su espacio de cristales una representación, tan ingenua como llena de fe, del nacimiento de Jesús, en arte tan de monjas, que habla de otro modo de vivir en el mundo.

Empotrado en el muro de otro flanco, con puertas cristaleras, sí, vedadas al polvo, el platero te sigue enseñando colores y formas que no existen fuera del barro, del pincel y el esmalte, de los hornos que otorgan ser belleza a la tierra. Helechos, encomiendas, mariposas y palmas, golondrinas, puntillas, monterías, florecillas y círculos, vaivenes, incisiones y zig-zags..., tantas formas hermosas, expresadas en el tono más alto del azul, en verdes, amarillos y marrones. Y ya fijadas para siempre en las celdas más ocultas del corazón y la memoria...

Y los cuadros de santos, cubriendo las paredes, con vitelas de monjas suspendidas de las puntas que les dan sujeción. Y las alcobas, esos espacios del sueño y del amor, velados siempre por cortinas de lienzo. Y la puerta tan noble, de taraceas castellanas, esperando callada la empuñadura de nuestra mano, para acceder al recinto donde más acogidos nunca se haya sentido nuestro ser. Un recinto sagrado que alberga para siempre, aunque ya en la memoria, lo mejor de nosotros.

(*La madre de los aires*, 2021)

(*claustro*)

En la mañana da vueltas al claustro
Como hicieran los monjes en silencio
En un tiempo ya ido,
Como el suyo se irá
También cuando se cumpla.
Sosiego, lentitud, meditación
Y la serenidad
Se apoderan de todo
Impregnando la atmósfera y el aire
De un silencio dulcísimo que cura
Y que apacigua el ánimo.
Transitan los espacios
Del delicado azul celeste
Los vencejos que, raudos,
Trazan caligrafías invisibles
Con las hermosas sílabas del vuelo.
¿Cuál será su mensaje?
¿Qué nos transmitirá?
En la mañana da vueltas al claustro.
Queda investido por la lentitud,
Por la serenidad, por el sosiego.

Toda un aura de paz
Se manifiesta y lo protege

(*Ritual de la inocencia*, 2023)

Moradas

(Ámbitos estéticos y morales)

UN JARDÍN AL OLVIDO

Era un tiempo de brezos con aromas de esquilas
Y un rumor amarillo del heno en los sobrados.
Las fuentes derramaban monótona salmodia
Y los labios su pura transparencia gustaban.
El recuerdo nacía de las macetas vírgenes
Con flores y fragancias y pétalos sin nombre.
Era un secreto espacio: soportales, rincones,
Celosías de sueño y esculpidos en sombra
Los ojos aurorales que la vida miraran.
Las manos esparcían semillas en la tierra
Y en los muros dormían recogidos los granos
En espera de soles que a la luz los abrieran.
Era una senda virgen llena de abecedarios
Secretos que en la tarde desgranaba la brisa
Y en las enciclopedias anidaban saberes
Que aprendían los niños con tonos de nostalgia.
Y los pobres vencejos coronaban de ausencia
Las gráciles campanas que tañeran al ángelus.
Era un tiempo de piedras en tristeza labradas
Y la lluvia ascendía lenta por la memoria
Humedeciendo el débil corazón de las horas
Mientras en las alcobas el amor dormitaba.
Tiempo, espacio, sendero, ¿a qué jardín conduces?
¿Dónde la llave virgen que nos abra tus rosas?
Era un jardín sin tiempo, sin dolor, sin memoria,
La inocencia brotaba en las ramas de un árbol
Que tuviera en la sangre sus raíces más hondas
Y las flores sagradas de la niñez perdida
Formaron los aromas de un secreto jardín,
Un jardín sin retorno,
                              un jardín al olvido.

(*Un jardín al olvido*, 1987)

CANCIÓN ANTE UNA PUERTA CERRADA

Canção diante de uma porta fechada.

AGUSTINA BESSA LUÍS

Ahora que ya nada nos queda
Del pasado
Sino un jardín en la memoria
Cerrado a cal y canto
Por el oscuro portalón del tiempo,
Venimos con la cítara a entonar
Esta canción
Ante una puerta ya cerrada.

Ahora que ya nada nos queda
En el cabás de la ilusión:
Ni el amarillo olor de las cartillas
Ni el trazo fugitivo en las pizarras
Borrado por la sombra
Ni el rumor inocente de las enciclopedias
Con láminas gozosas
Con amplias cordilleras
En mapamundis de nostalgia
Con claras ecuaciones de estrenada niñez,
Venimos con la cítara a entonar
Esta canción
Ante una puerta ya cerrada.

Ahora que ya nada nos queda
En la plaza sin muros del recuerdo:
Ni el corro en que los niños de la mano
Trazábamos los círculos de amor y de inocencia
Entre risas y cánticos y asombro
Ni los lienzos blanquísimos
En que absortas mujeres
Bordaban las polícromas figuras

De un sueño puro anterior al tiempo
Ni el toque de campanas de pureza
Desde torres de gozo
Anunciando la vida
Con badajos perdidos en la niebla
Que ya nunca escuchamos,
Con lágrimas venimos a entonar
Esta canción ante una puerta
Para siempre cerrada.

(*Un jardín al olvido*, 1987)

POR EL CAMINO DE LOS ROBLES

Por el camino de los robles
Llevan los niños los ganados
A praderas que bajan
De las montañas vírgenes
Y zumban los oscuros moscardones del tiempo
Que anidan en las hojas
De lobuladas geometrías
Y en ramas adornadas con pendientes
De redondas bollágaras.

Por el camino de los robles
Se entretienen los niños
Cuando el ganado ramonea
Al pausado compás de cencerras, de esquilas
Con sones que se pierden en la luz, en el aire.
Y contemplan absortos
El callado libar de las abejas
En las flores del brezo,
Del chaguarzo, la escoba,
Del tomillo que obsequia con morados aromas.
Y buscan lagartijas,
Saltamontes o grillos,
O tesoros de sueños nunca hallados,
En el áspero tacto de los robles.
Y temen a los duendes
Que en el bosque se ocultan
Y que en metamorfosis de gigantes, de enanos,
De brujas o dragones, de grifos o de ogros,
De súbito aparecen, devorando a los niños;
Y ante el miedo se aprietan
Unos contra los otros
Y afrontan temerosos
Batalla imaginaria, desigual y perdida
Contra fieros y crueles adversarios...

Por el camino de los robles
Sigo yendo a llevar otro ganado:
Las reses del recuerdo que en estío
Pastaban en los limpios prados de la inocencia
Y en hilera volvían mansamente
Con los niños aquellos ya perdidos
A descansar en los establos cálidos
De la noche sin tiempo.

(*Un jardín al olvido*, 1987)

HACIA EL OESTE ESTÁ MI CORAZÓN

Hacia el oeste está mi corazón.

Un oculto jardín
Que al olvido me lleva
Donde brotan violetas, castañares, recuerdos,
Donde crece el amor entre semillas vírgenes.

Hacia el oeste está mi corazón.

Un delirio de torres
Meciéndose en las aguas
Palpitando en sus piedras amarillos temblores,
Reflejando en sus rostros un misterio de espigas.

Hacia el oeste está mi corazón.

Allí perdí por siempre
Mi niñez entre ortigas,
Allí sembré rosales de ternura en el alba
Y allí regresaré en caballos de niebla.

Porque...
Hacia el oeste está mi corazón.

(*Un jardín al olvido*, 1987)

LAS CORDILLERAS DEL ALBA

Hacia el poniente se halla situada Alfranca, en un paisaje de cordilleras y valles, de regatos y arroyos, de huertos cultivados con el primor de la filigrana y caminos y sendas y vericuetos que comunican y riegan el espacio de gentes, como venas que a todo el cuerpo distribuyesen la sangre.

Se acuesta el sol tras de las montañas que ocultan el camino hacia el océano, hacia el reino tenebroso de las aguas, tras pasar por la Lusitania recogida y melancólica, tan llena de tristeza al ver hundirse el disco encendido en las ondas umbrías y verdes del ocaso. Alfranca hacia el poniente, orientada a la tarde, con su luz que amarillece en su despedida de los días, y se torna ambarina y tristísima.

Desde cuándo contempla Alfranca la despedida de la luz. Desde cuándo ese arrebato de marcharse con ella, de seguir su rastro de melancolía amarilla...

Mas tú aún no habías adquirido la visión del poniente, del ocaso, de la sombra. Era tu universo el del alba, el del amanecer taladrado por los sones de los yunques, por las huellas metálicas de las herraduras en el granito de las calles, por los mugidos desamparados de las vacas. Era el tuyo un mundo poblado de mañanas, de campaninas repicando en la torre, de esferas armilares y enciclopedias que encerraban toda la sabiduría entre láminas y letras, entre cuentos y estrofas, entre estampas y viñetas. Era tu mundo el de las cordilleras del alba, el sol amaneciendo entre los robles, proyectando su luz en el gigante animal dormido de las cordilleras, con su lomo suavísimo, dulcemente encorvado. Era una luz de cordilleras, una mañana de cordilleras, una esfera armilar de cordilleras. Las cordilleras del alba.

Tú en el espacio de Alfranca: laureles, ventaninas, cortinales, arroyos, dinteles, castañares, soportales, callejas... La magia matinal del alba de Alfranca. La mañana del mundo. El animal aterido de aquellas cordilleras... del alba.

(*Las cordilleras del alba*, 1991)

LAS NOCHES EN LOS PRADOS

Cuando llegaba el tiempo de recoger el heno, el cuco era ya el señor de los árboles. Su canto expresaba el ritmo de los días crecientes en que toda la vegetación despertaba a la luz. Y el sol marcaba el cenit del verano, con hogueras y con ritos de agua.

Entonces el vaivén de las guadañas se oía entre los prados y la hierba reclinaba su verde por el suelo. Tránsito de los aromas. De la agonía de la humedad surgía el olor pajizo de lo seco; la materia muerta de las cañas otorgaba a la hierba el color amarillo del reposo. Y daba gusto ver la geometría de los prados. Los haces en hileras ordenadas, atados con vencejos de hierba retorcida en espera de su acarreo hasta los sobrados de las casas, parecían una ofrenda vegetal a no sé qué divinidades de la germinación.

Y en el tiempo amarillo y cenital del heno, salíais con vuestro padre a dormir fuera. Era la expresión que utilizabais: dormir fuera. Al oscurecer, partíais en las caballerías hacia alguno de los prados, con todos los aparejos del acarreo, y dormíais al raso, encima de los ropones de las bestias, dispuestos cual colchón. A tu hermano y a ti os daba miedo. Queríais ambos dormir en medio, entre el padre y el otro, para libraros de lobos y culebras, o de animales a los que no dabais forma precisa pero que se os representaban como encarnación de vuestro pánico. Y todos los sonidos de la noche eran anuncio de que algo iba a ocurrir, de que algo amenazaba. Y en la oquedad de vuestro pecho, en forma de temblor, resonaban los coros de los grillos, los sones misteriosos y enigmáticos de la coruja, el murmullo de las aguas del regato, enmarcado por hileras de alisos. Y agarrados fuertemente a los costados del padre, que se hallaba en el medio, esperabais el sueño contemplando los espacios celestes: las estrellas formaban signos indescifrables, comunicaban mensajes e historias alojados en la plata de su brillo; por el camino nebuloso del cielo veíais una cabra con las ubres llenas, que dejaba en su tránsito una estela de leche; la luna otorgaba a la noche, con sus astas animales, un lustre blanquecino de quietud y reposo.

Y muy de madrugada os despertaba el padre. Cargabais las caballerías y entre los dos acarreabais hasta casa el heno. Por entre las crestas del amanecer se iba elevando poco a poco el sol, como disco sanguinolento que terminaba adquiriendo los reflejos del oro hasta convertirse en la alta luz del día.

(*Las cordilleras del alba*, 1991)

CORRO DE LOS ALISOS

El temblor de sus hojas tiritaba en la superficie de las aguas del estanque, que a su vez recibían los dibujos de un cielo cuajado de nubes. Las aguas rodeadas por el corro de los alisos parecían querer defender su intimidad y su secreto mediante una fortaleza vegetal de troncos que preferían la altura al grosor y de ramas pobladas por unas hojas casi circulares y divididas por nervaduras paralelas, las cuales filtraban la luz que descendía hasta el fondo del estanque. Era un espacio misterioso, con sus juegos cambiantes de claridades y de sombras según los caprichos de los rayos del sol. En sus bordes, un caminillo de tierra apelmazada permitía recorrer toda la extensión de la elipse irregular del estanque; cuando lo hacías, el vértigo se apoderaba de ti y un temblor miedoso aceleraba el ritmo de tu corazón, por eso preferías enfrentarte con las aguas echado en la parte del bocal, con el pecho aplastado contra la hierba y la cara frente al agua, que te devolvía tu imagen. Los reflejos impedían indagar con la mirada su fondo, y tú lo suponías poblado de animales inexplicables, inquietantes, que morosamente reptaban por él y a los que la luz de cada mañana hería de muerte.

Lugar umbrío el del estanque rodeado por el corro de los alisos. Siempre creíste, y aún sigues creyendo, que el estanque es un espacio de revelación; algo os transmite que no llegáis a captar. El ser germinativo de las aguas, las raíces de árboles y plantas que de ellas toman vida, los alisos que van como fuego ascendente de la tierra hacia el aire…; todos los elementos que constituyen el mundo están allí en armonía, en quietud, en un elocuente silencio que revela y que expresa la creación entera.

La imagen de tu rostro se guarda entre sus aguas, se halla ya velada y oculta por las hojas de los alisos que, otoño tras otoño, han ido cayendo para formar el sustrato de los limos del fondo del estanque.

(*Las cordilleras del alba*, 1991)

VASARES

Has visto desde siempre los vasares, esos muebles de madera, con baldas y con adornos de ondas sucesivas para romper la monotonía de las líneas, en las cocinas y en los campocasas. Las mujeres, con una delicadeza y un primor que convocaban lo hermoso, adornaban cada estante con tiras de papel que mostraban muy variadas geometrías, conseguidas solo mediante unos tijeretazos de los que surgían unas muy sorprendentes formas caladas.

Y, en los vasares, los platos, las jarras, las cazuelas de barro, las fuentes, los tazones, los pucheros y, en los recintos inferiores, las cántaras. Todo un muestrario de recipientes domésticos que recibían en Alfranca el nombre de las *escuillas*. Si tuvieras que quedarte con algunos de aquellos cacharros, elegirías las cazuelas y, sobre todo, los platos, por todo aquel alarde en ellos contenido de colores, de formas, de figuras, de vegetales, de geometrías.

Dominaban los latos de Puente del Arzobispo y Talavera, que fueron educando en vosotros una sensibilidad plástica, un gusto en ellos contenido, con sus pájaras, sus golondrinas, sus encomiendas, sus cenefas en círculo, sus palmas, sus adormideras, sus cipreses... Platos en los que dominaban diversos azules, gamas de azules difíciles de encontrar en otros objetos, azules desvaídos junto a azules intensos, pero, entre todos, el azul cobalto era el más alojado en aquellas geometrías circulares y domésticas que educaron tu mirada. Otros colores –los marrones, el verde, el amarillo, el anaranjado– también aparecían en los platos y en las jarras. Pero el azul...

Y las cazuelas de barro. Cazuelas de Alba de Tormes, hondas. Con superficies rojizas o amarillentas, que trazaban del color no empleado como fondo sus hojas, sus vaivenes, sus florecillas, levemente sugeridas mediante puntos, sus ondas, sus zig-zags. Cazuelas en las que se compartía la comida, cuando en ellas se vaciaba el alimento y ocupaban el espacio central de la mesa.

Vasares, que acogían unos recipientes surgidos de la greda, del barro, moldeado por la mano del alfarero, quien otorgaba a la materia formas, colores, dibujos, geometrías... que convocaban tanta belleza.

(*Las cordilleras del alba*, 1991)

VALLES UMBRÍOS

Yo de valles umbríos me nutro. Valles que recorren ya desde hace tiempo la geografía de mi corazón. Valles orientados hacia el norte, en los que, algún día, habré de convertirme. ¿No es el paraíso del hombre convertirse algún día en las cosas que ama? Ese es mi paraíso, ese es mi jardín: ser algún día lo amado. Valles umbríos que atraviesan la geografía del corazón. Porque yo de valles umbríos estoy lleno.

Y ahora dejadme recorrer en viaje, a través de la memoria, el valle de Vegamosquín. Es una luz de atardecer de invierno. El sol se escapa hacia poniente por encima de las crestas serranas. Y una claridad de sombra recorre Vegamosquín, valle que desciende desde la montaña y entre montes queda enmarcado. Vegamosquín, el valle paraíso. Recorrido por un regato de aguas purísimas, germinadoras, al que desembocan otros cauces más pequeños.

Y, en este espacio, robles con sus líquenes protectores; musgos de un verde brillantísimo e intenso; helechos abrasados por las heladas; castaños aletargados en espera de savias nuevas; hojas caídas en la tierra con el color amarronado de la derrota, que poco a poco se irán convirtiendo en humus con el tiempo y la humedad; brezos con un verde delicado y silencioso, a orillas del murmullo del regato; paredes de granito que enmarcan y delimitan los huertos –paredones, bancales–, con restos de sembraduras, con surcos arados en otoño; granitos berroqueños que se levantan como verracos mudos, como esculturas colocadas en el jardín umbrío por algún creador desde el origen; casetinas en los huertos para guardar el ganado o defenderse de la lluvia, con sus tejados de pizarra; y la canción del agua, del regato acompañado por los brezos y los alisos que, con el suave caminar de los aires y brisas que recorren el valle, acompaña al silencio del valle de Vegamosquín, así como las esquilas de los rebaños de cabras que se pierden por la ladera del monte, entre granitos y robledales.

Yo de valles umbríos me nutro. Es la geografía del corazón. En ellos está mi paraíso. En ellos se alberga una revelación, un misterio que presiento, que llevo en mí, lleno de un sabor antiguo de fresas salvajes, que cogía de niño junto a la pared cimera del huerto, protegido por el rumor de los castañares, por el trinar de mirlos y de gayos, por la presencia invisible de las hadas que habitaban en el monte y de las ninfas que hablaban a través del murmullo del regato. Algún día seré las cosas que amo. Algún día moraré en estos valles umbríos entre los castañares.

(*Las cordilleras del alba*, 1991)

BAJO LOS ABEDULES

A María, siempre

He dormido en la noche
Bajo los abedules
En tierras de pallozas y de carros que cantan.
He dormido en la noche
Cuando el silencio extiende
Su reino a las esquilas,
Al eje de la rueda de los carros chillones,
A las hoces que entregan su vaivén al centeno.
Los abedules tienen corazones de plata
Que laten en la noche
Con el rumor del aire
Para acunar los sueños que teje la quietud.
He dormido en la noche
Bajo los abedules,
Junto a tu rama, amor, junto al latido
De tu sonoro corazón de plata.
Sobre la noche forman las estrellas su música,
Música blanca de hojas
Que tiemblan con el aire,
Corazones de plata que laten al unísono.
Abedules estrellas nos han dado cobijo
En la tierra latido de pallozas, de gentes
Que celebran la vida
Con sencillas tareas que prolongan el tiempo.
He dormido en la noche
Bajo los abedules.
Corazones de plata me han mostrado su música.

(*Paisaje de invierno*, 1993)

Trazar sobre el espacio del destierro
Palabras que socaven
El vacío, la ausencia.
En el destierro amar, vivir, sin patrias
Que horadan las estancias de la aurora.
Guardar en la lucerna del silencio
La herencia de la luz.
No existen geografías
En las hondas regiones de la ausencia
Y un reino de ceniza acoge nuestra casa
En paisajes desiertos, despoblados de rosas.
Se han marchado las madres
Que atizaban el fuego
Y acogían en su vientre
El coral de la vida.
Ahora vivimos solo orfandad, desamparo
Y una grieta de sombra
Recorre el corazón.
                              No queda nada.
Trazar sobre el espacio del exilio
Palabras que conduzcan
A aquel domingo aún vivo

(*Paisaje de invierno*, 1993)

HACIA EL PONIENTE, LA CIUDAD

A Pilar y Jesús Manuel

Todo lo transitorio allí es vigente

ANÍBAL NÚÑEZ

El fuego de las cúpulas, las ascuas
De la luz que trasmonta hacia el ocaso
Siguen estando en ti, siguen abiertos
Los telares de oro de las piedras
Que un día cincelaron los canteros.
¿Dónde habita el fulgor de la sabiduría?
¿Dónde la luz, Copérnico, Aretino,
La esfera, el astrolabio, los secretos
De una belleza que la piedra acoge?
Tú descendías hasta las aguas
En busca de la noche, del amor
Y la ciudad te acompañaba cómplice
Con sus fachadas, con sus callejuelas,
Lo mismo que esta noche en que el invierno
Extiende por la tierra sus cristales
Y ella vuelve a habitar
En la urdimbre que teje tu memoria.

(*Paisaje de invierno*, 1993)

ESTELA PARA POETA EN CIUDAD CASTELLANA

(Homenaje)

Pero amo mucho más la edad que se avecina

ANTONIO MACHADO

Las fuentes aún derraman
La salmodia del tiempo
Y los niños al corro en las plazuelas
Prolongan el susurro de las voces;
El viento del otoño
Extiende los rumores amarillos
Entre los chopos mudos cuyos ramajes tiemblan
Y el maestro en la escuela con su timbre
Recita los secretos de las enciclopedias;
Sigue sentada en el balcón la hermana
Que hila en el telar la urdimbre de los sueños;
Aún liban las abejas
El néctar de los días
Y la vieja cancela aún hoy sigue cerrando
Los secretos del parque.
                    Mas ya aquí con nosotros
No se halla el caminante,
Se fue por los senderos de la niebla
O acaso por secretas galerías
En busca del aroma del jardín.
Nos dejó su palabra, que habita en la memoria
Y fluye por las rojas alamedas
Del corazón.

(*Estelas*, 1995)

PASEO HACIA EL ESTANQUE

Hoy vuelvo a recorrer los caminos del tiempo
En tarde de septiembre y llego a los alisos,
Al estanque dormido que arrullan los ramajes.
Me siento en las orillas con los ojos callados
Bajo los castañares que muestran ya sus frutos.
La luz amarillece las hierbas y los árboles
Y las moras entregan toda su madurez.
Recibe el agua quieta los rayos en su seno,
En su fondo de hojas ahogadas por el tiempo.
Y brota la inquietud desde mi corazón
Pues sube a mi memoria el fulgor de otras horas
Cuando iba con mi madre por entre los sembrados
Conduciendo las aguas hasta el cercano huerto
Para regar las plantas.
Aquí estuve otro tiempo de niñez paraíso
Que resurge esta tarde desde el estanque vivo
De esta mi corazón. Y ahora vuelve el recuerdo,
Late en mi pecho el ansia de oscura plenitud,
Anhelo de ensanchar los corales del alba
Dormidos en los limos de las horas perdidas.
Aquí estuve otra tarde de sembrados y riegos
Bajo los castañares y el arrullo de alisos
Y ahora vuelvo al estanque cuando nace el otoño
Y la luz enmudece y me lleno de sombras.

(*Estelas*, 1995)

VALLES UMBRÍOS

Yo de valles me nutro.
Yo de valles umbríos estoy lleno.
Los helechos, venid, los musgos, los alisos,
Los castaños, nogales, los berezos;
Venid, los paredones que bajáis hasta el agua,
Las laderas de robles,
Las hojas derrotadas por el tiempo,
Las casetinas todas;
Venid, las sembraduras de los huertos,
Las esquilas lejanas que acompasáis la tarde,
Los pastores perdidos por el monte,
La mielina, chaguarzo, las carquesas;
Los atajos, venid, los roquedales,
Las masas de granito, verracos del origen,
El agua de la fuente la Pilita,
Los gayos, lavanderas y los mirlos...
Venid, venid. Me nutro
De estos valles umbríos.
Me nutro de vosotros, que habitáis mis laderas,
Que estáis en otro valle
En el que yo me encuentro.
Y allí el tiempo no habita, paraíso sagrado,
Espacio del origen, fuera del devenir.
Venid hasta el latido rítmico de mi sangre,
Hasta la almendra viva de mis ojos,
Hasta la alta planicie de mi pecho.
Venid, venid, los valles umbríos del principio,
Los caminos que llevan hasta mi territorio.
Soy dueño de una luz
Que busca el corazón de vuestra estancia,
Que anhela la llegada hasta el recinto,
Hasta el centro escondido en vuestro espacio.
Hoy quiero recorrer los caminos sin nombre

Que a vosotros conducen, valles, valles umbríos,
Espacios sacros que nutrís mis ansias
De convertirme al fin en lo que amo.

(*Estelas*, 1995)

DÍPTICO

para José Ángel Valente

1

DINTEL

El converso grabó
La cruz en el dintel de su morada.
Tuvo que dar fe pública a través de la piedra
De la nueva creencia que acogía
En su abatido corazón.
Cambió los signos de su fe
                    Por preservar la vida, por quedarse
En su espacio raíz.
Dijo: —Señor, ¿quién eres? ¿Qué pretendes de mí?
¿Dónde está tu verdad? La mía se diluye
Por los designios de los hombres,
Por sus leyes, que atacan lo que soy.-
Y en la piedra quedó
Grabada en el dintel su cobardía,
La traición a su fe,
De la puerta hacia fuera.
En su interior morada,
En las estancias íntimas que defendían los muros,
Hablaba con su Dios siempre difuso,
Le pedía señales
Que abrieran en su sangre la certeza
Mientras era en la calle señalado
Por el dedo vulgar de la costumbre,
Por la mirada acusadora.
Y Dios no descubría su presencia,
Se negaba a habitar
En el converso corazón del hombre
Que grabó en su dintel los nuevos signos
De la fe que abrazaba en su derrota.

2

EL EXPULSADO EN EXILIO

Erraba el expulsado por la tierra
Y buscaba señales perdidas de su patria.
Sintió la herida abierta del exilio
Allí en su corazón tan despojado;
Tan lejano el espacio de sus primeras luces,
Los cantos, el rumor de las plegarias,
El secreto guardado en las callejas
Y también la amenaza de la persecución.
Su vida era destierro, sólo tránsito,
Errancia por lugares siempre ajenos
En los que no encontraba
Voces, moradas, luces, aromas, vidas, rostros...
Que un día fueran suyos y que en su ser latían.
Habitaba en su lengua la palabra
Que recibió en su origen,
También en su memoria el sonido era música
Mas no podía pronunciar las sílabas
Que ardían en la hoguera de sus labios
Pues su exilio era ausencia
De un prójimo al que dar las señales del mundo
Que recibió en su origen:
caminus di palavras
avrin la puarta di un paisaje.
mañana dil lugar.
nil agua durmida si va un airi di luvia.
quédati cun mí aspirandu qui nada venga,
stamus solus
        hasta muevu amanecer.[1]

(*Estelas*, 1995)

---

[1] Las palabras en cursiva proceden de versos, o de fragmentos de versos, de distintos poemas de *Caminus di palavras*, libro de la escritora bosnia Clarisse Nicoïdski, que el autor ha combinado en busca de otros sentidos.

DE lugar en lugar.
Como si toda
La herencia recibida consistiera
En dar señales de un despojamiento.
Como si el único
Territorio que nos perteneciera
En la memoria de la herida
Se encontrara alojado.
De rama en rama.
De lugar en lugar

(*Señales*, 1997)

(*mihrab*)

allí la atención amorosa, el silencio, el olvido de todas las cosas,
la aplicación de la voluntad con perfecta resignación, escuchando

MIGUEL DE MOLINOS

EL lugar más adentro.
Allí, en cuyo vacío habita el dios,
Allí, donde el silencio se hace música,
Para el que sabe oír fuera de los sentidos.
El lugar verdadero. Acude a él
Y quédate en su límite.
No nos es dado traspasar la línea,
Llegar al centro, ocupar su espacio,
Pero sí contemplar
Y sí estar a la escucha,
Por si susurra el dios, que tanto calla

(*Señales*, 1997)

(*maqbara*)

ACUDE hasta el lugar donde los muertos
Yacen.
Nada pidas. Contempla
La no presencia. Vuelve a ser semilla
Lo que enterrado se halla en lo más hondo,
Lo que está en el reverso de la luz.
Acude hasta el lugar. También es tuya,
Se aloja en ti la podredumbre
Que aspira a ser resurrección un día

(*Señales*, 1997)

(*kaddish*)

Están. Yacen ahí
Los míos frente al tiempo,
Tierra en la tierra,
Olvido en el olvido.
Fueron materia y vida para ti,
Ellos formaron parte de tu trama,
De la red que te expresa y que tejemos
Con estos hilos frágiles
Que nos quiebra la muerte
Con el menor tirón de esas sus rudas manos.
Acógelos, Señor, en tu regazo,
En esa tu matriz a la que todo vuelve

(*Señales*, 1997)

EL TERRITORIO

Es la imagen de un hombre
Que va por el camino frente al mundo
En un día de lluvia.

Lleva un aspecto oscuro,
Abrigo y traje del color del día,
Un rostro acuñado por el tiempo,
Unos ojos con todas las imágenes,
Con todos los dolores y alegrías
Que en las entrañas albergarse puedan.
Y avanza frente al mundo.

Conoce el territorio de la mujer, amada
En cuyo lecho halló la plenitud
Entre sábanas blancas tan amigas del aire;
Y lleva las señales en su cuerpo
Del amor, patria oscura, del abrazo.

Aunque él se sabe solo
Y recorre el camino lentamente
Pero con paso firme, convencido
De que no hay vuelta atrás, sí, frente al tiempo.
Miradlo cómo avanza.

Esos grises celestes
Que envuelven aire y tierra, borrascosos,
Lo acogen a él también.

La seriedad de su mirada esconde
Los momentos de gozo, de ternura
Que le han sido otorgados a su cuerpo,
Escondido caliente entre las ropas,
Como don que a la amada fue ofrecido.

Y los árboles que hay junto al camino,
Movidos sin piedad por los grises del aire,
Apenas lo acompañan, pues él sigue adelante
Como llamado por voz inaudible.

Conoce este hombre todas las heridas,

Las lleva como huellas sobre su corazón,
Lugar en el que alberga su bagaje,
Ese su fiel tesoro frente al mundo,
Frente a la muerte que derrotará
Las sábanas calientes de su cuerpo,
El fulgor de su amada que fue espiga,
La memoria del gozo y el dolor.
¿Por qué no os acercáis a verle el rostro,
Su silueta que va frente al abismo,
Esos labios sellados
Que albergan las palabras más hermosas
Que hayan podido pronunciarse nunca
Sobre las cosas y los seres, sobre
Las ínsulas extrañas del amor?
¿No veis que en él se aloja
Toda la vida desde que aquí estamos?
¿Y vamos a dejar
Que el tiempo y que la muerte
Invadan los jardines de sus días,
La herencia acumulada en sus entrañas
Para ser plenitud, prolongación,
Para mucha belleza y mucha vida?
Y esa serenidad arrebatada
Que lleva en su figura
Es marca honda de conocimiento,
Es señal del amor de tantas noches,
Cicatriz del dolor asimilado.
Mas la sutura esconde tanta música
Que el silencio en que va por el camino
Tiene que resolverse en aire y en canción
Que la lluvia desgrana por los grises
De la luz hecha sábana, hecha rostro.
Y esas huellas hermosas del amor
¿De quién nos hablan?
¿Cómo tanta belleza va a la muerte?
Acercaos a él,

Detened la alternancia de sus pasos,
Quitadle de los labios el invisible lacre,
Decidle que pronuncie, que haga voz
El territorio que se aloja en él.
Escucharéis otro rumor distinto,
Escucharéis la fuente que llevamos,
Que es música y silencio,
Escucharéis las sílabas del mundo.

(*Las sílabas del mundo*, 1999)

RECORRER MIS LUGARES

Recorrer mis lugares
Para saber que nada
Me pertenece ya.
Sentir que el aire vuelve
A acariciarme el rostro
En esta bienvenida tan precaria
Pues no me quedaré con él, con este
Espacio que fue mío
Cuando no lo sabía.
El tiempo nos convierte en escisión
De todo lo que amamos
Y estas rocas y el aire
Y el territorio que hoy funda la luz
Para hacerlo visible
A otros ojos y a otros corazones
Solo me sirve a mí
Para reconocerme en esta herida
Que me habla de lo lejos que me encuentro
De lo que fue mi centro un día.
Y hoy no me basta ver,
Recorrer los lugares
En los que fui dichoso con el mundo,
No bastan los sentidos
Para alcanzar la plenitud vivida
Ni las palabras sirven
Para traer una emoción antigua:
La de otros pasos niños caminando,
Acaso en la penuria pero no en la indigencia,
Por los mismos lugares que hoy recorren
Estos pasos que buscan
Lo que ya no se encuentra con los años.

La gracia de aquel tiempo
Se ha convertido en pérdida.

(Topografía de la herida, 2021)

BOSQUE DE ALISOS

Adentrarse de nuevo
En el bosque de alisos junto al río,
En la penumbra húmeda
Que crea bajo las copas y las ramas,
Tocadas por el don de la delicadeza,
Otro modo de espacio.
Sentirse allí en el centro
Junto a las aguas vivas
Que del tiempo nos hablan,
Mas también protegido de ese vértigo
Que nos dice que todo es transcurrir,
Pues hay otra manera
De estar en el latido,
Espacios que son nuestros, que nos llaman
Porque conocen nuestra condición
De exiliados, sin vuelta, del jardín.
Acude a esa llamada
Cuando sientas el vértigo
En las estancias de tu corazón,
Como yo hago esta tarde de verano,
En la que me he adentrado en el bosque de alisos
A curar las heridas de los filos del tiempo,
En busca de otro modo
De estar aquí en la tierra.
Hay lugares que salvan,
Ahora que, en este tiempo, estamos sin lugar.

(*Topografía de la herida*, 2021)

ESCRITO ESTÁ EN LA TIERRA LO QUE SOMOS

Ara el hombre la tierra
Y a la tierra se entrega,
Describe con la curva de su espalda
La esfera del planeta, que acaso sea imagen
De la forma de Dios (si es que Dios tiene forma).
Traza el hombre las líneas
Sobre una materia de la que está creado,
Tiempo y espacio juntos
Se suceden ante esa lentitud
Del hombre que en silencio
Va guiando el arado tirado por las bestias,
Y ahí está el destino,
En la humilde labor de entregarse a la vida.
Los renglones derechos de los surcos,
Matriz oscura para la semilla,
Van revelando las palabras
Que dicta el tiempo a nuestro corazón:
"Escrito está en tierra lo que somos;
Formados con el barro, que es materia de olvido,
Habremos de formar un día parte
Del silencio de Dios."

(*Topografía de la herida*, 2021)

RESURRECCIÓN

(Matías Grünewald, *La Resurrección*,
Unterlinden Museum, Colmar, Alsacia)

En la noche la luz
Emana de tu rostro
Y crea un territorio al que se nos invita.
Levita la materia y se hace espíritu,
Todo lo transfigura ese tu centro
Y tanta claridad nos lleva a lo invisible.
El cuerpo que se eleva
Y que se hace fulgor
Arrastra los ropajes en su ascenso,
Los sudarios letales de la muerte,
Las túnicas que fueron el amparo
De materia divina,
Y les da su color, el blanco, el rojo,
Que se azulan y se amarillecen,
Porque es resurrección lo que se hace visible,
Lo que se manifiesta
Y surge de las sombras,
De ese espacio que ocupan las semillas
Y que encierra el misterio de la germinación.
Pero ¿por qué nosotros no ascendemos contigo?
¿Por qué aquí nos quedamos
En la tierra y su noche,
Igual que esos soldados despavoridos, ebrios,
Que mientras tú te alejas
Se arrastran por el suelo
Privados de la fuente luminosa
Del fulgor de tu rostro?
¿Por qué aquí nos quedamos
En el índigo negro de la noche?

(*Topografía de la herida*, 2021)

RECINTO INTERIOR

La tarde con la música de tablas.
Telemann. Peonías.
El púrpura al contraste de la luz
Del ventanal. Cortinas
Que filtran la delicia de este sol
De mayo. Golondrinas
En los platos azules, en los cuencos,
Tan oculta su arcilla.
La cuerna del pastor con sus dibujos,
Dentro de la vitrina.
Niño Jesús barroco. El insecto
De colores nos mira
Desde el grabado de Miró. Y el ángel,
Enfrente del Chillida,
Alojado en el cuenco de reflejos.
Tàpies. Qué compañía...
Estos pequeños dones, su presencia
Cómo cierra la herida
Del estar en el mundo sin saber
Qué hay después de la vida.

(*Topografía de la herida*, 2021)

LEJOS

Sigue oyendo en su sangre
Aquello que habla lejos.
¿De dónde viene?
Sabe que hay un lugar
Lejos
Al que él pertenece.
Y hay una voz allí
Que cree oírla todas las auroras
Cuando respira con su corazón
Por un júbilo antiguo que en él vive
Desde lejos,
Mucho antes de la herida.
Y se pone a escuchar
Aquello que habla lejos
Por si le llegan sílabas que entiende.
Sabe que hay un susurro
De la gracia
Que viene de muy lejos,
Mas hay que despojarse para oírlo,
Crear un territorio
Para que en él resuene,
Que viene de muy lejos,
Que existe ya desde antes de la herida.

¿Y quién se atreve a estar despierto para oírlo?

Ama todavía aquello que habla lejos.

(*Topografía de la herida*, 2021)

CEMENTERIO

No distinguen los pájaros
La muerte tan cercana,
Tampoco los cipreses
Saben qué significa
Su estar entre las tumbas y los mármoles.
Todo se ignora aquí
Bajo este cielo claro
Pues la proximidad
No es forma de conciencia.
No hay patetismo alguno
Hoy aquí esta mañana,
Aunque sea este el sitio
Donde los muertos yacen
Y se entregan al sueño de la nada.
Ignora la materia que se pudre
En tierra o en cubiles de cemento
(Algo que a la mirada está vedado),
Su antiguo trato con el existir
No es más que de un pasado lejanía
Y ya modo de olvido.
Y esta serenidad
E incluso plenitud que la mañana expande
Solo es mero espejismo que nos vela
Nuestra antigua alianza con la muerte.

(*Topografía de la herida*, 2021)

EN PUERTO DE MONTAÑA

¿Qué hacemos tú y yo aquí
Solos en esta tarde,
En esta inmensidad que ocupa todo?
Abajo, ante nosotros, las gargantas edénicas,
Regatos que pronuncian con los árboles
Una canción sin tiempo;
Y más allá, visibles,
A cielo abierto minas,
Y luego en otra parte
La sucesión de líneas más hermosa:
Perfiles de montañas contra el cielo
Registrando en los pliegos de la luz
Los latidos del mundo.
Y arriba todo es aire,
Caza de altanería de los pájaros.
¿Y qué sucede aquí,
En esta nuestra mina tan oculta?
¿Qué hay en este rumor
Que en nosotros llevamos?
¿A dónde su corriente nos conduce?
Solos en esta tarde,
Sin otra dirección que estar aquí
En la contemplación
Mientras duren los días
Que nos han sido dados.

(*Topografía de la herida*, 2021)

EL REINO DE LOS NOMBRES

Es el de la memoria
El reino de los nombres,
Que todo lo señala con las sílabas
Que contienen el hálito nacido
En el telar del corazón.
Pero el nombre es fugaz
Y nada más que lo hemos pronunciado
Se convierte en silencio,
Silencio que es la seña del olvido,
Su sustancia más honda.
Pero el olvido que es nuestro destino
Contiene en sus entrañas,
En estado pasivo, de cenizas dormidas,
La inmensa nombradía en que consiste el mundo,
Como si se tratara
De un espejo de sombra que recoge
Las mil lenguas del hombre mientras son pronunciadas.
El olvido es de todos, todos somos olvido,
Pues hasta nuestro nombre
No es más que un préstamo que compartimos
Con otros seres que, como nosotros,
Albergan la ilusión de que su eternidad
Está ligada a un nombre
Y no a ese compartir lo que es de todos
Y hacer uso de ello
Con esa libertad que enciende el tiempo
Mientras dura la vida.
Memoria. Reino. Nombres.
Sílabas. Corazón.
Las mil lenguas son nada
Si al amor no conducen.

(*Topografía de la herida*, 2021)

(dejados)

Como dejados por
Algún demiurgo que ignorara
Por qué nos puso aquí
Frente a todos los vientos
Frente a los otros frente
A tanta muerte por venir
A tanto sufrimiento
A tanta indignidad que nos carcome
Sí, a tanta intemperie

(*De la intemperie*, 2004)

(*dolmen*)

para Eduardo Sánchez Fernández

Nada dice la piedra
De vosotros,
Los muertos míos, aunque nada sepa
De lo que fuisteis ni de lo que sois.
Sólo erige su calma,
Su quietud, su silencio
Para acogeros en
Este espacio sagrado,
En esta cista entregada al cielo,
Que si es concavidad no es abandono.
Nada dice. Y está
En esa plenitud
Que lo acabado tiene.

Decidme cómo dirigir mi súplica
A este espacio vacío
¿De vosotros?

(*De la intemperie*, 2004)

(reverso)

¿Y los pobres?
De ellos es el reverso
Y también la derrota
De lo que sois.
Pero nunca el fracaso,
Que sólo es vuestro,
Pues negáis
Con vuestra mezquindad,
Con vuestra cobardía,
Con vuestro poder,
Con vuestras riquezas
Y con todo eso que llamáis valores
El territorio y
Las sílabas de Dios

(*De la intemperie*, 2004)

(dentro)

Piedra,
Di lo que está dentro.
Hazte pequeña,
Arena,
Partícula del aire,
Nada.
Piedra. Matriz. Tú. Dentro,
Pronuncia tu germinación,
Calla

(De *la intemperie*, 2004)

(*el ahí*)

Está el ahí,
Lo inalcanzado,
El espacio que se abre, salvación
Para el que acepta ser,
Sin adherencias,
Sin banderías, sin liturgias.
Está para otro modo
De saber, de entregarse.
Aire, ramajes, tierra
Y esa luz tan distinta cada día.
Y nada más
Porque ya eso es todo.
Y cómo lo atraviesa
El tiempo con su súplica
Que no entendemos
Sólo porque nos lleva
Y lo sentimos, ay, como amenaza

(*De la intemperie*, 2004)

(para qué beneficio)

Esta mañana no me pertenece.
Se quedará con ella
El dueño de mis horas,
Ministerio, patrón, señor del tiempo,
Del mío y del de todos.
Y no disfrutaré
De los grises que el cielo manifiesta
Estas horas de otoño que se irán.
Yo soy otro, y no el asalariado
En ese ultraje de la mercancía
Que todo lo destruye
                              para qué beneficio

(De la intemperie, 2004)

(la voz)

para José Bento

Se entrega ahora la voz a lo más puro,
A estas líneas de lomas, a estos montes,
A estos chopos y robles despojados
De sus hojas de otoño.
Es todo aquí esencial,
Entregado a la nieve que es silencio
Y caída y quietud y recogida.
Y sabe aquí el paisaje de la espera,
Sabe que resistir es lo que importa
Mientras que lo esencial nos acompañe
Frente a tanta hojarasca,
                    Frente a tanta hojarasca

(*De la intemperie*, 2004)

(*tan lejanos*)

Buscaba su secreto
Más allá de la línea de aquel bosque,
En aquella ladera de los robles
Que conducía al valle y a los huertos.
Sabía que existía una verdad,
Un mundo acaso más maravilloso
En lo que hubiera más allá
De aquel punto de fuga
Que a él tanto temor le provocara.
A veces ascendía
Por entre la retama y los helechos,
Salvando miedos y distancias.
Nunca llegaba al límite, pues siempre
Había un más allá inalcanzable.
Percibía un sonido sin embargo
De esquilas invisibles,
De martillos en yunques tan lejanos,
Que lo encantaba todo

(*De la intemperie*, 2004)

(lugares de la desmemoria)

En todas las comarcas
De tu país
Existe un lugar de los fusilados.
Camionetas del amanecer.
Paseos.
Contra la luz, descargas.
"El Canchal de la Nava"
Oías cuando niño,
Con el miedo en los labios
Y el silencio después
Para ocultar lo atroz.
Lugares de los fusilados
Profanados por la desmemoria,
Donde nunca pudieron los vencidos
Depositar siquiera
                    algunas flores

(De la intemperie, 2004)

(*tierra*)

para Carlos de Gredos

No pongáis lápidas. Dejad
Que la tierra
Sea camino hacia el olvido,
Que el tomillo sea aroma
Para los huesos ya desnudos,
Como restos de muerte.
La presencia allí ya no está,
Sólo el hueco excavado en el granito
Para lo que un día fuera cuerpo
Hoy ocupado por el aire o las lluvias.
Necrópolis tapada por la tierra.
Y por la loma de esta ocultación
Hoy caminamos

(*De la intemperie*, 2004)

(*líneas*)

para David Ferrer García

Allí en el abandono
                    junto al río
Unas líneas trazadas
De animales antiguos, de ganados,
-Vacas, caballos, ciervos-
En la piedra lamida por las aguas
En las crecidas.
Los habitantes, hoy, de estos lugares
Ya no trazan señales prehistóricas
Y están de espaldas al vigor del mundo.
En su decaimiento –vejez, emigración–
Representan la muerte
Y no nos legarán esa belleza
De aquellos primitivos
Que al olvido se fueron con las aguas

(*De la intemperie*, 2004)

(*oeste*)

para Tomás Sánchez Santiago y Ana

Ha visto el abandono de la piedra:
Paredes alineadas
Para espacios baldíos,
Huérfanos ya de brazos.
Los almendros con sus mandorlas secas,
Ya sin recolección.
La ausencia del amor en las alcobas,
Ya no hay juegos de niños por las calles
Ni en la escuela se entona
El alfabeto del origen,
La tabla con guarismos de existencia.
Los ganados no rumian
Los pastizales de ningún futuro.
Un edicto no escrito
Les hizo desfilar
De espaldas a la luz ya para siempre

(*De la intemperie*, 2004)

(*círculos*)

Extendió el alfarero
Su pella, le dio forma
Circular para un plato.
Trazó cerca del borde una cenefa
Con retícula y eses
En naranja y azul.
Y en el centro otro círculo
Con un jardín de hojas
Plasmadas con esmero
Para habitar los ojos que contemplan.
Quedó el plato, se fueron
Las manos artesanas de la luz.
Una belleza humilde
Da señal de que un día
Alguien hizo del barro
Un jardín habitable

(*De la intemperie*, 2004)

(anhelo)

Recorrer otra vez la cordillera,
Por las crestas sentir bramar el aire,
Junto con el abuelo
Entre brezos, chaguarzos, entre escobas
Y el tapabocas de la protección.
Volver a aquel lugar,
Al tiempo mítico de la pobreza,
A aquellas escaleras en que todos
Tejían con sus voces
La narración del mundo.

Cordilleras del alba

(De la intemperie, 2004)

(*castaño*)

Tú que te quedas
En el lugar,
Cuida, castaño, de nosotros.
Sé fiel a tu quietud,
Está
En tu recogimiento
Y vela
De
Nuestra intemperie,
Acógela en el seno de tu copa
Y protege
Lo que dejamos
Aquí,
Tú que te quedas

(*De la intemperie*, 2004)

(*extensión*)

Parece una derrota este silencio
Y sólo es una espera.
Este letargo de germinación.
Esta nieve que borra
Con su extensión tan blanca
Todo lo aquí inservible,
Lo que hubiera de más
En estos montes, en los valles, en
Aquello que a nosotros nos estorba
Para ser más nosotros.
Esta mirada que ahora necesita
Purificarse aquí en lo contemplado,
Despojarse de todo
Lo que le impide ver
Y ser conocimiento y ser morada

(*De la intemperie*, 2004)

(*sabe un lugar*)

Pero sabe un lugar.
Allí trata de ir
En los días oscuros,
Cuando todo parece que abandona
Su sentido más cierto,
Cuando su dignidad
Es ultrajada por los ventajistas,
Por los filibusteros,
Que corrompen las sílabas hermosas
Para ejercer impunes su dominio.
Y trata de acercarse
Con sus pasos más nuevos,
Aunque haya tantos días que se pierda
El rastro del camino
Y se hundan sus pisadas
En el lodo más turbio que le tienden
Con la maquinación,
Con la palabra sucia,
Con los gestos impúdicos
De las consignas dadas

(*De la intemperie*, 2004)

(a Carmen, en memoria)

Te has ido a la citania
De la que no se vuelve.
Que te acoja aquel castro sobre el río
Allí en el territorio de tu origen.
¡Cuánto sabe el oeste de tus pasos,
De tu fulgor, de tus andanzas niñas!
Nos queda tu silencio, tu voz frágil,
Tu manera de estar
Como si no estuvieras,
Esa entrega que no lo parecía
Y esa disposición
Callada para hacer, sin más, del mundo
Un espacio de amor.

Ahora que ya no vuelves
Deja que estas palabras
Accedan al lugar en que te encuentras
Y sean ofrenda allí para tu nombre
Siempre

(Para invocar la memoria (Ofrenda), 2006)

(a Florencio Vicente Cotobal, en memoria)

Dibújame el cerezo
Allí donde te encuentres.
Que florezcan sus ramas
Cuando tus dedos tracen el brotar
De yemas y de líneas
En el papel que tú volvías luz
Que surgía de ti, de ese secreto
Lugar que existe en quien la luz aloja
Y que sabe expresarla con sus manos.
Dime dónde te envío,
A qué buzón fiable,
Esa fotografía del cerezo
Para cumplir mi deuda.
Mientras tanto descansa.
Tus manos son dos lirios
Que se han ido a buscar
Las sombras del misterio

(Para invocar la memoria (Ofrenda), 2006)

(*pérdida*)

Imposible es quedarse,
Permanecer.
Todo lugar es pérdida,
En nada nos es dado detenernos,
Participar de alguna duración.
¿Por qué sentir entonces
Que la muerte es llegada
O que tiene algún vínculo
Con la quietud?
Abuelo,
Saca el pañuelo blanco
Por si llega el aviso de las lágrimas

(*Para invocar la memoria (Ofrenda)*, 2006)

(*recogimiento*)

Desocupó su casa
De todo lo accesorio, de lo inútil,
Para entender sus límites.
Y sintió desde dentro
Vacío el interior.
Buscaba desvelar
Lo oculto en su morada,
Sentir la transparencia del lugar,
Llegar hasta la entraña
Secreta, a la matriz,
Hasta los flujos donde la semilla
Genera los corales de la vida.

Desocupó su casa.
El aire se hizo allí respiración,
Se hizo lugar, morada
Para el recogimiento

(*Proteger las moradas*, 2008)

(*república de afectos*)

Pero viene una música de pinos,
De silencio de piedras
Caídas hace mucho.
Viene la elevación de las semillas,
Su presencia en la luz,
El rumor de lo nunca transitado
Para tus besos y para los míos,
Para una república de afectos
En que quepamos todos

(*Proteger las moradas*, 2008)

(Isabel Cuadrado, in hábitat)

Me protege la casa
Con sus paredes frágiles de hojas
De páginas marcadas en su blanco
Por la pasión del pensamiento
Me da cobijo esta sucesión
De líneas con palabras
Que cifran en su música
Nuestro estar en el mundo
Me protege lo frágil
Las palabras calladas
                    La sucesión hermosa de los nombres
Que se encuentran aquí
Lugar para habitar
Lugar del pensamiento
Donde también el corazón respira

(Proteger las moradas, 2008)

(*amor*)

No hay noche que, al dar un beso,
no sienta la sonrisa de la gente sin rostro

FEDERICO GARCÍA LORCA

A María

En las mañanas de los sábados
Llegabas hasta casa
Y entrabas en mi lecho.
Juntos bajo el amparo de las sábanas
En un abrazo que era protección.
Y después, noche a noche, hasta ahora mismo
Cada abrazo renueva
Las mañanas aquellas
En las que te esperaba
Para hablarle a tu cuerpo
Con sílabas de júbilo
Y abrir la geografía de tu vientre
Para explorar la vida.
Y esa celebración de cada noche
Ese latir contigo
Me protege del mal y sus acólitos
Y me hace resistir
Porque hay un territorio de la dicha
Cuyo acceso conozco

(*Proteger las moradas*, 2008)

(huida a Egipto)

Hay ramas que protegen
Por siempre lo más puro
Que hay en nosotros,
Pues forma parte aún del paraíso:
El niño amenazado,
La acosada bondad,
La memoria tan viva
De las primeras luces,
El pan de la pobreza compartida
En la precariedad.
Hay ramas que defienden
Lo que más nos importa,
Mientras pasa el tumulto persiguiendo
A la madre y al niño,
Ese tesoro frágil
Que conduce el anciano silencioso
A lomos del cuadrúpedo,
Que nunca alcanzan
                          los perseguidores

(Proteger las moradas, 2008)

(canción)

Llévame, madre,
Contigo al río
A buscar aquel tiempo
De cuando niño.

Llévame, madre,
Contigo al prado,
Rumian allí el recuerdo
Nuestros ganados.

Llévame, madre,
Contigo al monte,
Se esconde allí el misterio
De castaños y robles.

Llévame, madre,
Al cortinal,
Busco un jardín cerrado,
¿Dónde estará?

(*Proteger las moradas*, 2008)

(en memoria de Gonzalo Martín Encinas)

Ahora desde la tierra
Sigo sintiendo el alma de estos montes,
De esta luz, de estos valles, de esta agua,
Y sigo con mi gente y con mi pueblo
A los que siempre dediqué mi vida.
Aquí está lo que amé
Y aquí por fin descanso

(Proteger las moradas, 2008)

(*las montañas de Dios*)

Las montañas de Dios.
Como ésa que ahí veo
Arañada por tajos de las aguas
Que en corriente recorren su extensión
Como si fueran dedos
De la mano invisible
De la divinidad
Que hubieran arañado su latido
Produciendo la herida de los ríos
Que en ella nacen,
Dinosaurio ancestral aletargado,
Hasta llegar al lecho de los valles,
Para hacerse bebida, regadío,
Regocijo entregado para todos.
Las montañas de Dios, las cordilleras
Agazapadas en mi corazón,
Que resucitan siempre en mi memoria
Para llegar al centro del jardín

(*Proteger las moradas*, 2008)

(*alguien*)

y la vida no es noble, ni buena, ni sagrada

FEDERICO GARCÍA LORCA

Alguien escribe en letras negras
Sobre algún muro blanco en la ciudad:
La precariedad:
Esclavitud del siglo XXI.
Alguien que deja anónimos
Su rebeldía y su dolor
En unos trazos caligrafiados
Que denuncian así cualquier dominio.
Los transeúntes pasan,
Las pantallas arrojan
Los dividendos de los beneficios.
Y una vez más la vida verdadera
Sigue sin poder ser

(*Proteger las moradas*, 2008)

(no frecuenta)

No frecuenta los atrios
De los murmuradores
Ni el vino de la una
En que a la indignidad
Reservan tantos sorbos.
Las sílabas obscenas
Del poder no frecuenta
Ni los códigos ciegos
De quienes codifican la mentira
Para hacerle la trampa a la verdad.
Se queda en su morada, tan secreta,
En los altares del recogimiento
Y en su cartografía
Alguien traza el camino a los humildes,
A los mansos, a los desposeídos,
A quienes nada tienen
Sino el fulgor tan limpio
De un corazón para sentir el mundo

(*Proteger las moradas*, 2008)

(*en el lugar*)

Deposita la ofrenda en el lugar
Del Dios.
Pide por el hermano
Con la inocencia hermosa de la súplica.
Renueva la alianza
De los días antiguos
Con la canción secreta de la tierra.
Y sé callado.
Se te concederá
Eso poco que importa.
Nunca te excedas en la petición.
Las gasas del alivio
Llegarán al hermano.
Como el silencio a ti,
El callado, el atento, el retraído

(*Proteger las moradas*, 2008)

(a la medida fiel)

Los sembrados dispuestos
Para la recogida,
Geometrías de surcos
Y el rumor de las aguas.
La pequeña belleza
Que siempre labra el hombre
Para estar en la tierra;
La huella, la señal,
La sílaba menuda
De su estar en el mundo,
También la cicatriz
De su herida salvada.

Dios del lugar,
Protege lo pequeño,
Ese orden del mundo
Labrado a la medida de las manos,
A la medida fiel del corazón

(Proteger las moradas, 2008)

(*proteger las moradas*)

Proteger las moradas
Salvar los territorios primordiales
Frente a cualquier devastación
Iluminar el mundo
Cobijar lo pequeño y lo más frágil
Cantar la melodía de la tierra
Los enigmas celestes
Amar la dignidad de la pobreza
—Desde abajo se ve mejor el mundo—
Y recoger el rostro
De los desheredados

Proteger las moradas
Proteger las moradas

(*Proteger las moradas*, 2008)

(en las guaridas puras)

Protege la memoria, lo vivido
Lo que se escapa de la realidad
Y se alberga en nosotros, en el alma
Protege el rumor agazapado
Como animal en las guaridas puras
En las más indefensas
Y que surjan serenas de sus labios
Las palabras que sean
Como bálsamo limpio
Para su corazón
Y lo protejan de lo oscuro
Y lo concilien con la realidad
Que lo acunó de niño
Protege el territorio del hermano
Que se exprese en la luz
Que pase la tormenta
Que lo amenaza

(Proteger las moradas, 2008)

(no tiene altares)

La humanidad menesterosa
Se expresa por la calle,
Interpreta la música
De la precariedad,
Pide cuarenta céntimos
O extiende silenciosa
La cuenca de la mano.
Los transeúntes pasan
Ajenos al dolor
De los necesitados,
A la mano, a la súplica, al silencio,
Van a los rituales
Donde se adora al beneficio,
Donde no tiene altares,
Ay, la fraternidad.
La humanidad menesterosa
Se expresa por la calle,
Conoce la importancia de la súplica

(Proteger las moradas, 2008)

(*este lugar*)

Madera de castaño,
Protege este lugar, tú que lo habitas
Mucho antes que nosotros,
Tú que conoces
La andadura secreta de la tierra,
Que llevas el aroma
De la candela seminal
En tus vetas y poros,
En la textura dócil
De tu quietud. Protege
Este lugar, que nada
Alcance a destruirlo,
Que la voracidad del beneficio
No alcance sus propósitos.
Protege mi lugar,
Madera de castaño,
Que nada logre usurpar su alma,
Parar su corazón,
Detener su latido,
Profanar lo sagrado que lo habita,
Pues lo necesitamos

(*Trazar la salvaguarda*, 2012)

(una de mis moradas)

Tu cuerpo es
Una de mis moradas
Y hay algo mío que se encuentra en ti;
Que se halle siempre protegido
Es lo que quiero,
Y sé que en ti lo está
Pese a mi desamparo.
Dale un lugar en ti,
Da un lugar a mi cuerpo,
A mi alma también,
Acógelos.
Mi cuerpo es
Una de tus moradas,
Lo siento siempre en mí;
No te preocupes,
Advierto tu presencia por mi sangre
En cada uno de mis pasos;
Y me acompañas siempre
Aunque no me acompañes,
Aunque me encuentre solo

tantas veces

(Trazar la salvaguarda, 2012)

(modo de amor)

para José-Miguel Ullán, en memoria

Nunca se fue del todo.
Se encuentran en sus versos
Las huellas de la tierra
               natal,
Del terruño más bien,
Con zumbona ironía casi siempre
O con melancolía agazapada
Bajo distancia y bajo lejanía,
La actitud que adoptara
Siempre como defensa,
Que es un modo de amor.
Nunca se fue del todo.
Se quedó en las palabras del origen
Echadas a voleo por sus versos
-Cuadril, trillique, colador, cantero,
Aricar, mocedades, hornija acarreada,
Manteos, gaita, tamboril, escaño...-
Como un modo de amor
Y también como vínculo
Con el tiempo sagrado del origen

(Trazar la salvaguarda, 2012)

(*lo recojo*)

Un puñado de tierra.
Lo recojo.
Es un don para el cuenco de mis manos.
Es un don para el cuenco de mi vida.
Sobre la tierra existo,
Edifico mi casa,
Planto la luz de las semillas
Que me darán el pan.
Bajo la tierra un día
Descansarán mis huesos.
¿Y dónde irá mi alma?

Un puñado de tierra.
Lo recojo.
Porque sé que es un don
Que al misterio me liga

(*Trazar la salvaguarda*, 2012)

(todo ocurre)

En el vértice,
Todo ocurre en el vértice,
En el descenso a la matriz,
En la puerta de entrada,
Todo ocurre en la luz de la semilla,
En ese movimiento de ebriedad
En que se entrega todo.
En el acto de dar,
En la entrada a la matria más oculta,
Mihrab, música, amor,
Merodeo hasta el centro,
Hasta dar en el clavo,
Hasta alcanzar lo siempre inalcanzable.
Todo ocurre.
Y se calma la sed,
Se sosiega el anhelo, se apacigua
El vértigo del vértice
Y deja de ocurrir lo que buscamos
Para afirmar el ser
Y prolongar el mundo

(Trazar la salvaguarda, 2012)

(*este espacio*)

Este espacio tocado por la gracia,
Por el rumor de los encuentros,
Cómo me pertenece,
Cómo guarda la luz de los anhelos
Más decisivos,
Las palabras ya dichas
Y también las calladas
Pero sentidas siempre.
Este espacio tan mío,
Que me ha hecho arder
Y vivir un fulgor
Traído por el ángel
Para encenderlo en mí.
Este espacio,
Corazón, melodía, ofrecimiento,
Cuántas señales guarda
De lo mejor de mí.
Espacio cenital de los encuentros,
A los que acude el ángel de la dicha
Y su sola presencia
Salva la melodía
Que habita en mí
Y me llena de luz
Y me llena de gracia

(*Trazar la salvaguarda*, 2012)

(reverso)

Reverso
Revelación de lo escondido
Revés de todo lo normalizado
Escapar de las normas
Respirar el revés
Habitar el afuera
Más allá de los muros
De lo que está encerrado
De lo que tantas veces
No deja respirar
Reverso
Melodía escondida del afuera
Revés de todo lo normalizado
Más allá de los reinos
De cualquier opresión
Donde la vida pueda
Vivirse en plenitud
En los estratos de la dignidad
De una fraternidad que nos afirma
Donde quepamos todos
Reverso
Revelación revés
Respiración de lo desconocido

(*Trazar la salvaguarda*, 2012)

(*casa del alma*)

Alma,
Canta,
Pronuncia la palabra
Exacta y clara
De la mañana,
Acaricia las cosas,
Abrázalas,
Que el fulgor de las sílabas recree
Todo aquello que existe
Y con la voz renazca
Y se convierta en luz,
En universo, en magia.
Alma,
Pon a orear mis sábanas,
Da luz a mi palabra,
Dale existencia verdadera,
Que siempre vaya
De corazón a corazón,
De casa en casa,
Hasta llegar al ser
Y hacerse comunión
                    y hacerse gracia

(*Trazar la salvaguarda*, 2012)

(*allí*)

En el ofrecimiento, en lo entregado;
En aquello que damos sin pedir
Nada para nosotros;
En lo depositado
En el ara o altar,
Mesa de las ofrendas;
En los ritos de la celebración,
Compartiendo con otros
Nuestro estar en el mundo;
En el gesto dador
De la mano extendida;
En el rumor
Precario de la súplica,
Al tiempo tan hermoso;
En el canto coral
De cualquier letanía;
En el ofrecimiento, en lo entregado,
Rito, fulgor, altar o ara,
Celebración, ofrenda, súplica,
Gesto dador, mano extendida,
Fraternidad que salva al mundo

Allí, allí

(*Trazar la salvaguarda*, 2012)

(*en los estratos*)

En los estratos limpios de los cielos,
La melodía del amanecer.
En los estratos altos,
Lo que nunca alcanzamos y el anhelo
Se empeña en mantener vivo en nosotros.
En los estratos, en la melodía,
En el fulgor del aire,
Siempre en lo no alcanzado.
Donde te encuentras tú
Y donde no consigo
Acceder de algún modo
Para escuchar tu alma

(*Trazar la salvaguarda*, 2012)

(*la poesía*)

En los arándanos te vi,
Venías con la flor de la mañana,
Con toda la alegría,
Con un ramo de luz en tu mirada,
Con tu figura hermosa
Y un resplandor de sábanas.
Venías en silencio,
Traías la palabra
Para dármela, nueva,
Para dármela, intacta,
Como don que resulta inmerecido,
Como luz, como llama.
En los arándanos te vi,
Por un camino te marchabas
Hacia ese territorio de misterio
Donde tienes tu casa

(*Trazar la salvaguarda*, 2012)

(otros espacios)

Muerte de las nogales,
Porque la tierra avasallada
No resiste,
Busca otros espacios.
Cada vez quedan menos,
Pues todo está entregado
A la profanación.
Muerte de las nogales.
Con ellas muere
Lo mejor de nosotros
Y la tierra agredida
Es nuestra propia tierra

(Trazar la salvaguarda, 2012)

(*traza*)

Trazan los niños
Círculos en la tierra
Para quedar salvados en sus juegos
Y que nadie arrebate su rumor
Una vez que están dentro, en el espacio
Configurado como salvaguarda.
Traza el poeta
Círculos de palabras,
Sílabas salvadoras, melodías
De silencio y de luz,
Memoria poderosa de la tribu,
Protección, salvaguarda,
Belleza para todos,
Para existir salvados

(*Trazar la salvaguarda*, 2012)

(*dextro: a salvaguarda*)

Es una historia hallada. Para uno de los abecedarios que caligrafío, al llegar a tal letra, buscaba en el diccionario palabras que contuvieran la equis. Eché mano del ideológico, de Julio Casares, y me encontré con el término *dextro*: "espacio de terreno alrededor de una iglesia, dentro del cual se gozaba de derecho de asilo."

El diccionario me había llevado, a través del vocablo, ante un territorio de protección y salvaguarda, uno de esos tras de los que siempre andan mi vida y mi escritura. Y recordé enseguida los de los juegos infantiles en los que, de niño, tomé parte. En algunos de ellos, trazábamos un círculo en la tierra, con un palo, y, cuando se nos perseguía, si lográbamos adentrarnos en su territorio, no nos podían pillar, estábamos salvados.

En otros, la salvación se producía cuando conseguíamos llegar al muro convenido en el juego y, extendida la palma de la mano y besándola con nuestros propios labios, tocábamos con ella la pared, que nos proporcionaba instantáneamente protección.

De hecho, en algunas fórmulas rimadas de sorteo, para participar en juegos de pillar, aparece el concepto de salvación. Como, por ejemplos, en la siguiente: "Apetén, sensú, / cucu, male, tú, / salvadito / estás tú." O en esta otra: "Un gato se cayó a un pozo, / las tripas fue a revolear. / Arre, moto, piti, poto, / arre, moto, piti, pa, / salvadito quedas ya."

Porque salvaguarda es protección y amparo, un modo de salvarse. Los niños utilizan ya en sus juegos, de modo intuitivo y con no poca inconsciencia, estos conceptos, que en ellos funcionan más como sentir. Todos necesitamos, desde luego, estos territorios de protección o salvaguarda. Pero, ¿dónde encontrarlos?, ¿dónde están?

En mi búsqueda de palabras con equis, al encontrar *dextro*, que contenía una idea ya sentida –y asimilada, por tanto- por mí desde muy niño, si primero el término me llevó al territorio de la niñez, después me trasladaría a otro ámbito distinto.

Enseguida, mi imaginación dio un nuevo salto. Y percibí, me di cuenta de que, en definitiva, la poesía, la creación poética, funciona en realidad como un dextro, es ella misma un dextro, un territorio de salvación o salvaguarda, que nos consuela y apacigua, pero que también nos sobresalta, al producirnos, cuando se produce un determinado tipo de recepción (ya sea de creación, o de lectura), un fulgor que nos ilumina y nos pone en contacto con una belleza desusada.

Una vez más, la memoria intuitiva y afectiva había funcionado. Me llevaba de una búsqueda a un hallazgo (¿casual?). Y, a partir de él, se iban encadenando unos pasos sucesivos que vinculaban dos territorios anímicos decisivos en mi existir, pues, con su presencia, dan sentido a mi trayectoria vital: la niñez y la poesía.

Incorporé el término encontrado –*dextro*- en la hoja del cuaderno en que caligrafiaba y dibujaba la equis. De la mano de dextro, había recorrido un itinerario lleno de fulguraciones, que me llevaba, a través de pasos sucesivos, a una historia hallada, llena de analogías, para mí decisivas y llenas de significación.

Dextro : espacio protegido y sacralizado : derecho de asilo : protección : salvaguarda : juegos de los niños : Poesía...

(*Trazar la salvaguarda*, 2012)

ESCENARIO FANTÁSTICO

Las bellotas continúan en las ramas del roble junto al camino. Las brujas no cejan en su empeño imposible de sacar el agua del río con una ceranda o criba. La Griega se mantiene en su empeño de subir el agua en el regazo de su mandil hasta lo alto del monte, para que, quiera Dios o no quiera, pueda moler su molino. Emiliano recoge moras de los zarzales junto al arroyo, con un cubo de plástico, porque mañana vendrán sus nietos, antes de que llegue el día de comenzar la escuela, en ese momento incierto del principio del curso. El valle se mantiene ajeno al transcurso del tiempo y recibe sin queja las luces de la tarde, que enseguida se volverán ceniza. Las casas del pueblecito agazapado en la loma parecen algo más tristes, tras tantos años ya sin nacer en ellas los niños. Una bandada de grajos atraviesa los cristales tan delgados del cielo y parece querer quebrarlos con sus graznidos negros y oscuros. Mana la fuente en la plazuela, sin percibir que cada golpe de agua marca lo que ya no es posible y esa muerte anunciada e irremediable que a todo espera. Unos ancianos, sentados sobre un banco o repisa, parecen ajenos al murmullo del agua, como si quisieran mantenerse con su silencio en una suerte de eternidad. El graznido de la campana de la ermitilla parece querer también quebrar, con sus escasos sones, los cristales del cielo. Y bellotas, brujas, Griega, Emiliano, valle, casas, grajos, fuente, ancianos y campana van tejiendo esta tarde esa tela irreal de un espacio que parece ideado en los lienzos del sueño por ese artista Dios que parece complacerse en seguir escondido.

(*La casa del alma*, 2015)

REDUCTOS

Hay lugares que parecen albergar memoria y misterio y en los que determinadas vivencias de nuestro pasado parecen encontrarse protegidas, como en una suerte de acogimiento sin condiciones, que pasa a formar parte, desde nuestro ser, del alma del mundo, de ese latir universal que es suma de vivencias conseguidas. Tales lugares son espacios de espíritu, ámbitos irrepetibles y nunca unos iguales que los otros. Esperan siempre, como fuera de esa mera temporalidad mecánica y lineal, la sintonía de un contemplador, la vibración de un ser que a ellos entrega no sólo los ojos y los sentidos, sino su conciencia toda. Y es entonces cuando se produce, a partir de ellos, esa manifestación de lo secreto, de lo escondido, esa vibración de la memoria que nos devuelve lo vivido con el fulgor de la moneda de oro en el abrazo claro de la luz. Tales lugares son reductos en los que la salvación y la plenitud son aún posibles.

(*La casa del alma*, 2015)

RECODO DE LA CARRETERA

Nada podrá destruirlo. Ya desapareció, pero siempre permanecerá su atmósfera y su recogimiento en la conciencia universal. Es reducto que salva. En un recodo de la carretera, nos encontrábamos al pasar por allí el reguero en la umbría y su cascada, flanqueados por alisos y ramas de castaños. Parecía un lugar habitado por espíritus silvanos, que siempre provocaba un temblor en nosotros. La humedad y la umbría, la venia vegetal de los helechos al paso de las aguas, los rumores de éstas al chocar en las peñas de granito, vestidas con los musgos con su verdor oscuro, la subida del monte hacia el misterio..., protegían la intimidad de aquel recodo y guardaban celosos su secreto. Pero nunca era miedo lo que sentíamos al pasar por allí, sino una sensación de atracción y de llamada, como si algo, imperceptible en aquel paraje, tirara de nosotros. ¿Pero quién nos llamaba? Ya desapareció, pero nada podrá destruir aquel recodo de la carretera.. En la conciencia universal permanece por siempre lo que una vez fue pleno.

(*La casa del alma*, 2015)

CASA DEL PADRE

Cada uno de nosotros —decía— es como una casa que tuviera de continuo las luces de las estancias o habitaciones encendidas. Por ellas deambulamos a lo largo de nuestro existir. En cada una vamos depositando y albergando todo aquello que más amamos, lo que más nos importa.

Como un colmenar. Como si fuéramos abejas que van libando en el aroma de los días, en las flores del tiempo, el polen más melifluo y delicioso.

En las estancias siempre iluminadas. Como si las fuéramos convirtiendo en jardines, en espacios de protección.

Y el padre —decía—, tras una vida durísima e ingrata, con muy escasas satisfacciones, había decidido, poco a poco, en los últimos años, ir apagando para siempre las luces de las estancias de su casa, de su propio ser.

Pero él advertía —le llegó a escuchar decir en algún momento— todavía algunas brasas en la casa del padre, unas brasas de amor en las que, pese a todo, seguía calentándose.

(*La casa del alma*, 2015)

TOPOGRAFÍA AFORTUNADA

Sé quiénes son. Pero no he de citarlas por sus nombres. El pudor me lo impide. En el existir de cada cual hay siempre unas figuras de la gratitud, seres benefactores que atienden nuestra alma, que adoptan una actitud cuidadosa y desprendida hacia lo que somos y hacia lo que realizamos. Cada uno de ellos es como el ángel del cuidado, que acude, siempre que lo necesitamos, con el tejido de la cordialidad. Figuras de la gratitud. Seres benefactores. Ángeles del cuidado. Cuánto les debemos, en un mundo como el nuestro en el que el mal urde de continuo sus estrategias siniestras. Mis figuras de la gratitud configuran una topografía que sólo a mí me pertenece, que se ha ido trazando a lo largo de mi itinerario vital con los hilos y trazos de los otros. Es una topografía de los encuentros, una topografía afortunada, presidida por la amistad y la cordialidad, configurada en mi existir por las figuras de la gratitud. Sé quiénes son. Su nombradía se halla inscrita en silencio en el hemisferio claro de la luz. Es como si toda una cartografía de los afectos, de la fraternidad, estuviera ideada por ángeles con trazos luminosos en nuestro corazón. Y allí están, en un territorio dichoso, nuestras figuras de la gratitud. Vendas y gasas para ellas, la urdimbre blanca con los estambres del afecto.

(*La casa del alma*, 2015)

(en el ara del mundo)

Nunca quiso dejar
De ofrecer lo pequeño
En el ara invisible de los días:
El gozo compartido de un instante,
El hallazgo imprevisto,
Ese descubrimiento
Del pájaro en la rama con su trino…
Melodías de un Dios
Que quisiera anunciarse.
En el ara del mundo
Depositó su ofrenda,
Melodía callada de su ser,
Apenas un granito imperceptible

De alguna inmensidad
De la que forma parte

(La protección de lo invisible, 2017)

(esta plaza)

Corazón en que late la ciudad,
Esta plaza también es melodía
De mis últimos años;
Canción terrestre
De un tejido invisible de caminos;
Canción de tiempo
Que recoge alegrías y tristezas,
También cartografía de unos seres
Que me conocen y me desconocen
Lo mismo que yo a ellos

La dádiva constante de la luz
Nos santifica a todos

(*La protección de lo invisible*, 2017)

(ramo de laurel)

para Francisco, mi hermano

Este ramo de júbilo
Habita en mi memoria.
Hosannas al que llega
En humilde jumento.
Me nutre el corazón pobreza antigua
Y hay una melodía
Verde y perenne en mi existir
Que me lleva al amor,
A la plaza serena
De la fraternidad.
Hosanna a lo que vive
En la humildad del mundo
Y que en la entrega habita como don.
Este ramo de júbilo
Es la oración de hoy
Que ilumina mi alma

(La protección de lo invisible, 2017)

(*recordadme*)

Recordadme en las fuentes
En que calmé mi sed,
En todos los caminos que yo anduve,
En las montañas a las que ascendí
Ofreciendo a los dioses mi fatiga.
Recordadme en los bosques
En los que me adentrara
En busca de un misterio y un rumor
Que a diario presiento
Desde que vine al mundo.
Recordadme en los días de la lluvia,
En los que el corazón
Parece abandonarse a la tristeza,
Y también en los días del fulgor
Cuando todo parece paraíso,
Edad de oro, edén
Que nos fuera otorgado
Por algún Dios benigno.
Recordadme en mis miedos, en mis dudas,
En todos los lugares de mi dicha,
En los seres que amé,
En todas mis palabras y silencios,
En los objetos que me son propicios
Y en todas las criaturas y animales
De que me he alimentado.

Recordadme, os lo pido, necesito
Vuestro acto de memoria.
Y en todo lo que he dicho
                              Celebradme

(*La protección de lo invisible*, 2017)

(la rosa de mi vida)

La ciudad de las torres
Y de la lejanía.
La ciudad de los cerros de Arapiles,
Elevaciones sobre un mar de tierra
Con la historia enterrada
Y bajo cielos infinitos.
La ciudad de las aguas
Que le sirven de espejo
Para mirar su rostro tan dorado.
Garcilaso, Fray Luis, la melodía
De un canto que serena
Y que apacigua el alma.
La ciudad de los cielos y los oros
Donde se abrió la rosa de mi vida
Al sentimiento y al conocimiento
Y al aroma de la fraternidad.
La ciudad de mis búsquedas
Y mis descubrimientos.
La ciudad que me hizo
Sentir que la palabra
Es tesoro y fulgor
Y lámpara que orienta
Nuestro estar en el mundo.
La ciudad en que amé y no fui amado,
O acaso sí lo fui
Pese a que todo pasa
Y del fuego no quedan ni cenizas.
La ciudad de las torres
Y de la lejanía.
La ciudad que perdí y a la que debo
Acaso lo que soy

(La protección de lo invisible, 2017)

(*quedarse*)

Quedarse en lo pequeño
Y en lo desatendido,
En el mundo letal de las cunetas,
Ensayar desde ahí
Otro modo de amor.
Convivir con la herida
Que sangra y sangra y sangra.
Conseguir que las sílabas
Actúen como vendas protectoras
Frente a tanto dolor.
Quedarse en lo pequeño
Y en lo desatendido,
Frente al poder voraz
De tantos comisarios
Que lleva a la mentira

(*La protección de lo invisible*, 2017)

(*arqueologías*)

Los lugares perdidos,
Donde están las semillas enterradas
Esperando los días
De la germinación.
Los lugares que esconden
Una vida profunda y misteriosa
Que tiembla sin que nadie
Perciba su rumor.
Silos, cabañas, dólmenes,
Poblados pastoriles,
Todo lo que quedó fuera del tiempo
Y que late enterrado y en espera
De ser resurrección,
De germinar cuando alguien
Recupere su luz
Y la transmita a todos.
Los lugares perdidos.
Cuando sepamos cómo
Llegar hasta su hermoso corazón
Y descifrar sus signos,
Su silencio benéfico
Nos sanará la herida

(*La protección de lo invisible*, 2017)

(*casa del alma*)

¿Y cómo entrar en ti,
Cómo acceder a tus estancias limpias,
Donde todo es pequeño, recogido,
Donde siempre habrá sitio para todos
Y nadie quedará fuera en la calle?
¿Y cómo entrar en ti,
Casa de la memoria,
En que todo se guarda,
Pues todo necesita ser salvado
Y ser purificado
Para que el mundo arda y sea luz?
¿Y cómo entrar en ti
Para no profanarte,
Si no es con pies descalzos y en silencio,
Como se accede siempre a lo sagrado,
A todo lo que existe
En el misterio de la permanencia?
¿Y cómo entrar en ti,
Casa del alma?

(*La protección de lo invisible*, 2017)

(*dime dónde*)

Dime dónde se encuentra lo que vive
De permanente en ti;
Dónde se halla el rumor de tus latidos
Y los momentos plenos
De la generación
En que participaste;
Dime dónde tu rosa, tu alegría,
La melodía humilde de tu ser;
Dime dónde tu entrega,
Tu esfuerzo, tu sudor,
Ese altar al que siempre te ofreciste;
Dime dónde tu luz,
La melodía clara de tus ojos,
Esa cartografía
De tus manos dispuestas y entregadas;
Dime dónde el remanso de tu abrazo.
Sé que existe un lugar para tu dicha
En el que ahora te encuentras
Y allí te buscaré
Pues tú me orientarás,
Me dirás el camino hacia tu sangre

(*La protección de lo invisible*, 2017)

(*en todos los lugares*)

En todos los lugares de mi padre,
Donde queden las huellas del amor,
En las Matancias, en la Goterina,
En los haces del heno
De las mañanas claras del verano,
En la caseta frente a la tormenta,
En las alcobas hondas
De la generación,
Melodías del cuerpo que se expresa
Y que entrega el fulgor y la semilla
A la matriz que teje
Con hebras tan gozosas el futuro.
En todos los lugares
Del ser que me engendró,
En su entrega a la luz,
En su vida, ay, tan sacrificada:
Emigración, carencias, fundiciones
Y países extraños, alejado
Del territorio hermoso del origen,
En su silencio y sus invocaciones,
En las muestras que guardo
De su cariño, de su corazón
Entregado a nosotros.
En todos los lugares de mi padre,
En la memoria de su permanencia
En mí, mientras exista
Respirando y latiendo

(*La protección de lo invisible*, 2017)

AURORA DE LAS CORDILLERAS

1

Hay un momento del mundo, un momento del tiempo, que es el que más nos corresponde: la llegada de la aurora, la llegada del alba. La luz nos devuelve la materia como un don, como regalo a los ojos; es un ofrecimiento a la mirada que reconstruye el mundo. Y es el momento de la metamorfosis de la luz, que se nos revela en cualquiera de las estaciones: Primero, una lámina fría, como del color de la plata o del estaño, que parece querer vencer a la tiniebla, a la que la luz da alcance. Luego, poco tiempo después, un incendio celeste sucede a la frialdad, y el aire se inflama de tonos anaranjados y rojizos. Mas sigue la sucesión y un blanco, ya más purificado por la claridad, va sobreponiéndose a los fuegos de la aurora. Para dar paso al azul, a ese azul tan delgado, todo lleno de suavidades, con el que la mañana se adueña del espacio. Y nosotros, del mundo. La melodía del despertar se ha realizado y el tiempo es plenitud y la mirada, don. El azul, equilibrio, que nos concierta en armonía con el mundo.

Y la vida se hace entonces trabajo, melodía, sonido. Es el momento del sonar de los yunques, de cencerras y esquilas, del golpear de las herraduras contra el granito del empedrado, del mugir, de las voces, que son ofrenda al aire y al espacio todo. Mas primero, del momento en que la derrota de la noche ya es presagio y anuncio, surge el canto del gallo, canto del límite, de la sutura entre la tiniebla y la luz. Es un canto que arranca desde los cortinales y se extiende por todo el ámbito de Alfranca; quiquiriquí afilado que pareciera querer romper y desgarrar el velo más invisible de los aires tenebrosos, mediante una llamada o invocación de la luz.

La fuente, sin embargo, tiene otra melodía: es continuidad monótona, es fluir en una expresión de pureza que apenas se escucha si no se está atento. Todos los sonidos del día apagan el de la fuente, que se queda como callado, como si la pureza estuviera ahí sin destino alguno, solo como destello si unos rayos del sol fueran acogidos por el agua. Por ello, el momento del sonido de la fuente es la noche, cuando todo movimiento cesa y la vida es quietud. Entonces se afirma este caer del agua de los caños en el pilar de granito, que la recibe aceptando su sonoridad húmeda, que parece tener voluntad de mecer el sueño, de ahí que llegue hasta los recintos de las alcobas, desde donde hemos escuchado, en muchos momentos, este fluir de la fuente con oídos desvelados.

2

La nuestra es una aurora de las cordilleras. Siempre hemos contemplado la llegada de la luz sobre las crestas de las montañas, en un perfil primero muy oscuro contra el horizonte, y luego clareándose en grises, azulados, para terminar en el verde que otorgan a las faldas los brezos, escobas y retamas, jaras, carquesas y piornos; y, en la cima y sus cercanías todas, el color de las pizarras y granitos.

Aurora de las cordilleras. Luz sobre las crestas de las sierras, que luego va descendiendo hasta los árboles y que otorga sus verdes o sus grises a castaños y robles, a nogales, perales y manzanos. Para terminar descendiendo a los lechos de los valles, a los paredones de sembradura y a los cauces de ríos y regatos, en cuyas orillas se elevan los alisos, en un reino umbrío de humedad, que pareciera no querer recibir la luz. Pero las truchas, moteadas con puntitos asalmonados y con su lomo de plata, son tan solo fulgor cuando el sol las visita y llega hasta los fondos limpísimos de las aguas.

Una aurora de luz, en descenso hasta ocuparlo todo: Las rocas, los árboles, las aguas, los ganados y las bestias salvajes, los animalillos, los sembrados, caminos y vericuetos. Y hasta el caserío de Alfranca y sus moradores.

Una vez levantadas las gentes, puede observarse sobre los tejados de las casas el ángel azul del humo. Las mujeres encienden la lumbre y, al fuego solar, corresponde ese otro fuego de la vida del hombre, que se halla entre los pucheros y los utensilios que contienen el alimento. Los hogares con la leña ardiendo son otro signo de la mañana. Y las alas del humo ascienden hacia el aire y en él se disuelven, para ser vuelo invisible, vuelo de luz que celebra el mundo.

La aurora se vuelve cordillera, castaño, aliso, trucha moteada, ángel azul que encuentra su morada en el aire, en la luz que es ofrenda.

(*La madre de los aires*, 2021)

Configura la materia nuestro gusto y nuestra sensibilidad. Apela a los sentidos y a través de sus vías conocemos el mundo. Pero este conocimiento siempre lleva un latido, que se lo aporta el alma, ese lado cordial que reside en nosotros, y que en algunos seres ni siquiera se expresa. Mas no hay conocimiento sin amor. De ahí que a la materia que captamos, por el tacto o la vista, hayamos de transmitirle nuestro latir para ser de verdad conocida, para que nos entregue el secreto del mundo.

Y fue este secreto, en aquellos días ya lejanos de cordilleras, el que a través de la cal me fue comunicado. Materia blanca de purificación. Y ahora regresa a mi memoria su aroma y su color; aquel borbotonear y hervir en los calderos llenos de agua; aquella preparación de la materia para celebrar el rito primaveral de blanquear toda la casa; tarea de mujeres, como si solo a ellas les hubiera sido concedido el transmitir la pureza y la blancura a las paredes, que, por unos días, quedaban desnudas de cuadros y vitelas, de cómodas y armarios, de alacenas, de arcas y de palanganeros, mostrando un esplendor que solo en lo más sencillo reside.

Memoria de la cal. De su vista y su aroma. Imágenes de aquellas mujeres que, subidas en el tajo o en la silla y con el pañuelo recogido y anudado en la nuca, blanqueaban con las escobas. Memoria de las superficies blancas, despojadas de cualquier objeto y solamente entregadas a su espacio, a la geometría de la desposesión. Estancias blanqueadas por la cal, como destinadas a un rito primaveral de purificación. Salas, cocinas, campocasas, alcobas..., ámbitos en los que hemos residido y que saben tanto del rumor de nuestras vidas.

Y las calles de Alfranca, que hoy me parecen más apagadas y más tristes, con la reiteración, ya tan tópica, de la tabiquería y el granito. Y que en aquel momento -cuando me fue concedido, como un don, abrir los ojos y captar la vida, a través del rumor de la materia- llevaban impregnadas las superficies de fachadas, dinteles y puertas con la luz de la cal, con el blanco que hurtaba su tiniebla a las sombras.

Esa nota de luz, de claridad suprema, que aportaba la cal a las calles de Alfranca, ha ido, con los años, desapareciendo. La cal en retirada. ¿Es que nos hemos vuelto más sombríos? ¿Es que estamos de espaldas a la luz? Eso parecería, si en un detenido itinerario, entregáramos nuestros ojos, para ver, a las calles, rincones, a las plazas de Alfranca, a todos nuestros espacios, hasta no hace mucho iluminados por el blanco de la cal, y hoy tomados, como por asalto, por grises y marrones.

Mas dejadme que ahora realice un recorrido por las galerías de la memoria y que en él me detenga ante la luz de la cal. Es otra Alfranca la que capto, la que llega a mis ojos. Aún puedo ver a las mujeres blanqueando, con las gotas de cal por chambras y mandiles, o también por el rostro, por la superficie rosada y tan hermosa de la piel, como si fueran lágrimas blancas de alegría.

Aún puedo contemplar, en una nota de irregularidad y de sorpresa, tan del gusto del pueblo, círculos blanqueados con la cal en torno a las ventaninas, cubriendo las fachadas hasta donde alcanza la extensión del brazo de las mujeres. Y también los dinteles de granito, a los que la cal no ocultaba, sin embargo, el relieve o la incisión de escudos y grafías, de fechas y anagramas.

Sigo viendo las puertas blanqueadas hasta la mitad, con una cruz de cal como remate, trazada solamente mediante dos brochazos irregulares de la escoba. La cruz como señal de protección, como señal de luz. Y veo el encalado que cubre las paredes de la segunda planta de las casas, recorridas en toda su extensión por los balcones, defendidos del abismo por la música de los balaústres. Tantas marcas de luz trazadas por la cal en las calles de Alfranca...

Mas el itinerario me devuelve al presente, un presente del blanco en retirada, un presente más triste, de los tonos sombríos. Pero conmigo va, en ese recorrido que es la vida, en las celdas más íntimas del corazón y el alma, la memoria gozosa de la cal, que es fulgor, alegría, necesidad de luz, antes de que las sombras nos aparten del mundo.

(*La madre de los aires*, 2021)

EL REINO DE LOS GRISES

El reino de los grises comienza a extenderse por la tierra cuando diciembre avanza. Como si la ebriedad de los colores del otoño pasado quisiera recogerse y transformarse en gris, en pavesa apagada tras el delirio de los fuegos. Obliga el frío a tanta retracción. Todo se vuelve plata, signo de la ceniza. Tierra, troncos, ramajes, callejas y caminos.

El mundo de los muertos rebulle en las entrañas de la tierra. Las semillas esperan, como también los seres, nueva resurrección. Bulle lo oscuro en el subsuelo. Y el aire, con la brisa helada que lleva en su interior, anuncia por doquier su melodía, unas veces muy honda, tan llena de fiereza en otras ocasiones, casi siempre temible cuando bufa y hace anidar en el corazón de los niños presagios y temores.

Pero al oscurecer sigue sonando el toque de la esquila. Las Ánimas Benditas esperan salvación. ¿Y quién se la dará sino unas oraciones de los fieles cristianos, de esas mujeres que parecen creadas, desde el origen de la tierra, para guardar el luto y rezar las plegarias? Conozco desde siempre a estas mujeres, estos rostros de piedra, estos cuerpos tocados por la inmovilidad, fuera del tiempo anclados, puestos ahí para fundar la vida y hacer que su rumor se siga oyendo.

Atienden a sus muertos los vecinos de Alfranca en el tiempo de invierno en que los grises invitan al retiro, a la plegaria, a mostrarse en silencio cuando se apaga el mundo, mientras dura el secreto rebullir del subsuelo, la lucha de la vida por no ser siempre muerte. El bisbiseo de las oraciones ocupa las entrañas de toda la materia, que parece atender ese soplo salido del centro de los seres y dirigido, en súplica, a la divinidad. Queda impregnado todo el aire ritual de tanta letanía, del ritmo de las sílabas que busca ser refugio y oración. Ocupa el soplo de la invocación los intersticios de las cosas y ellas quisieran ser salvación para el mundo de los muertos, tan retirados ya de la materia.

Y la luz decreciente, tan henchida de gris, invade toda Alfranca. Ocupa las callejas como línea de plata o de ceniza y no se atreve a entrar ni casi en las estancias en que sus moradores se entregan al secreto de lo íntimo. Pero, a veces, si logra traspasar el umbral tan delgado de las ventaninas, sorprende la quietud de los objetos, dedicados al sueño del estar. Es luz envuelta en sombra, mas con tanta pureza, y albergando en su seno tanta mirada limpia, que muestra de continuo la materia en sus perfiles más nítidos y claros, en su definición más precisa y exacta.

Nada hay mejor en este tiempo que adentrarse por todos los caminos, delimitados por paredes en las que el musgo se cobija, y hacerse itinerario, contemplación de robles, castañares, de sus formas desnudas, de los líquenes secos, de los surcos vacíos de cualquier planta o fruto. Hasta alcanzar el regato con sus aguas vivas que, entre el granito, parecen ser plegaria por los muertos, pues atraen al silencio sus murmullos y parece que invocan salvación.

Las callejas umbrías albergan los secretos, por entre la humedad y el desamparo de los brotes y arbustos, que han creado un espacio de la luz sustraído, para entregarlo puro al rumor del misterio. Espacio en el que vagan las Ánimas en busca del cauce de la vida, para volver al mundo.

Quisiera el caminante descubrir los secretos, adentrarse en los grises, llegar hasta el oscuro corazón del granito, hasta las celdas más íntimas de las ramas sin hojas. Quisiera despertar a los alisos, enseñar a los muertos esa estela de luz que andan buscando para alcanzar el aire, ahora que son semillas, raíces enterradas, promesa de otra vida que germina y madura, que lleva el signo dentro de la resurrección.

(*La madre de los aires*, 2021)

EL SOBRADO

Uno de los espacios más puros en ti, pues reside en el hondón de tu memoria, en ese jardín tuyo, que a cada uno le es dado cultivar en vida, es el del sobrado.

Lugar configurado por maderas y tablas, por superficies lisas o redondas, por vetas vegetales ya secas que mostraban líneas y figuras, caminos enmarcados por rayas de una anchura distinta. Era el reino del castaño seco, la prolongación ya sin ramas ni hojas de aquellos bosques que en otoño se transfiguraban por virtud de los colores intensos.

Pero el ámbito sombrío y misterioso de los bosques, en el que la luz tenía vedado el paso, se convertía en el sobrado en espacio de una claridad atravesada por mil aromas. Espacio de los sentidos, pequeño paraíso en el que las cosas y las materias, a fuerza de un envejecimiento imperceptible, adquirían otra pátina, otro olor, otro modo de interrogarnos, y lograban que surgieran de nosotros hacia las capas más exteriores de la memoria esos limos dormidos de lo que ya traíamos incorporado a la vida.

Lo seco se manifestaba en el sobrado más que en otro lugar alguno. Era el ámbito de la casa marcado por el fuego, por lo que arde, por aquello que, habiendo conocido la humedad, se ha desprendido de ella. Tarmas, tinajas, barreñones, calbocheros con sus círculos de aire, postes llenos de clavos, de los que pendían los cueros resecos de pellejos, de botas y de escabezadas... Era el ámbito de la madera y del barro, una vez que se habían desprendido de su humedad primigenia y había advenido su sustancia al reino de lo seco sin perder lo aromático.

Lugar del fuego y de la luz. En cuyo punto principal se levantaba el horno, que presidía la estancia toda, con su forma de cúpula, con la coloración entre rojiza y tostada que le otorgaba el barro. Se oficiaba allí, en períodos cíclicos, cada quincena, el rito del amasar, que, para todos, era como celebración de vida. Se aplicaban las mujeres, con lo movimientos rítmicos de sus brazos arremangados, a amasar la pasta de la harina con el agua y la levadura, hasta formar una masa deliciosa, que en la artesa quedaba cubierta luego, respirando, sudando, con unas talegas blancas y con dos o tres rayas de color que atravesaban su longitud, o con una sábana de lienzo que se superponía a la blancura de la masa.

Después llegaba el rito de ir fragmentando lo amasado en cada una de las porciones que habían de responder a los distintos panes, que, una vez tajadas con la navaja o el cuchillo las formas de las cortezas, picadas en tres o cuatro lugares las superficies cimeras, para que se produjera el crecimiento, y sellados en medio con el crecedor, se alineaban en una tabla rectangular, como si fueran cupulillas que trataran de imitar la más grande del horno, donde serían cocidos.

Llegaba más tarde el crepitar de las ramas secas de la hornija, en la matriz del horno. Era la celebración del fuego, el ruido gozoso de los potricos, la formación de las brasas, para que, una vez alcanzada la temperatura, los panes pudieran cocerse. En el proceso, los labios de las mujeres bisbiseaban las oraciones para que la masa se acrecentara, para que la cocción no sufriera daño alguno.

Y la tierra, que había hecho germinar en la tiniebla los granos, se hacía presente allí de nuevo. Y los signos solares reaparecían en un ámbito interior en el que el fuego se convertía, de otro modo, por no sé qué transfiguración, en astro de celebración de la vida.

(*La madre de los aires*, 2021)

ÁMBITOS EN CAMINOS

Parecían llevarnos los caminos a otro espacio distinto al que llegábamos. Era como una anunciación de paraíso que creíamos desprenderse de aquellas umbrías, de aquellas ramas tan tupidas de castaños que configuraban con sus hojas una geometría deliciosa de ordenada, acogedora del secreto y de una misteriosa quietud, como si otra realidad permaneciera agazapada, con otros códigos distintos a los del fluir, al de los sentidos incluso.

Transitar aquellos caminos era como sumirse en una atmósfera de presentimientos, que parecía conducirnos a la certeza de la existencia de una zona de alma. Era como abrirse a un reino en el que la posibilidad alcanzase carta de naturaleza, incluso el de la manifestación de la maravilla. Entonces transitar aquellos caminos, enfilados por paredes de piedras de granito, se convertía en una delicia, nunca desligada del miedo, a pesar de las labores que imponía la subsistencia.

Era como si alguien, ¿la divinidad?, nos hubiera concedido el don de comprobar, de alcanzar la experiencia, sobre la veracidad de una intuición que nos acompañaba desde el nacimiento: el haber sido llamados para realizar un itinerario hacia el paraíso.

Se producía, así, en aquellos caminos una experiencia de la esencialidad en el existir. Pero había que estar dispuesto a asistir a una anunciación imperceptible, que exigía un detenerse, una disponibilidad, a la vez que una atención perceptora, como si todo fuera a ocurrir en un momento de gracia, en el que todo lo exterior lo vislumbramos en nosotros, se gesta en nosotros, que quedamos convertidos en caja de resonancia del mundo.

Pero dónde llegaban los caminos era lo de menos. El misterio estaba en ellos realizado, en aquellos juegos de luces y de sombras, en los grises más hermosos que los otoños son capaces de expresar. En el descenso de las ramas hasta rozar las paredes, hasta alcanzar nuestros hombros y cabezas, en las gotas pulidas de las lloviznas, acogidas por los canalículos paralelos de las hojas. En el musgo de las paredes que protegía los conglomerados del granito, pero también, y sobre todo, en el corazón palpitante que entregaba su ritmo al temblor del miedo, de aquel miedo que nos causaba atravesar determinados parajes, pues sentíamos que existían territorios para otro destino conformados, distinto al del uso y del contacto.

Y los caminos, en ocasiones, nos pedían no continuar, nos invitaban a una quietud paralizante, a latir al unísono con lo que en ciertos ámbitos de los mismos se escondía, a la vez que se sugería y se manifestaba. Era como la exigencia a entregarse a un sueño en el que se halla el mundo desde el principio, y del cual nos hemos ido desprendiendo con mayor ímpetu y desapego cada vez.

Y nos regalaban, al detenernos y demorarnos en ellos, muchos dones. En sus espacios he aprendido la canción silenciosa de las tardes, el sonido seco y vegetal de las gotas en su entrega a las ramas de los castaños, el ritmo de la lentitud laboriosa en el caminar de las hormigas, la existencia de seres que habitan en la invisibilidad del aire, el lenguaje armonioso de los pájaros, de rama en rama, como soberanos exentos de la tierra, a otra vida más alta destinados.

Ahora ya lo sé. En determinados ámbitos de algunos caminos, que los pasos de mi memoria pueden aún recorrer, perdurarán mis latidos, mis miedos ancestrales, más allá de la muerte. En algunas tardes encapotadas de otoño, sé que alguien los ha confundido con esquilas.

(*La madre de los aires*, 2021)

EL PARAÍSO

No necesitas ya otra imaginación del edén que aquella que, desde niño, llevas incorporada en el corazón de la memoria. Se ha dado en ti esa conjunción difícil y afortunada de tener desde tu origen esa experiencia del paraíso, que salva. Esa que se produce cuando, en la primera edad, el espacio -un ámbito de privilegio- es mirado y sentido de continuo con los ojos de la gracia. Y, hasta la primera adolescencia, has vivido sumergido en él.

Llevas, para siempre, en el corazón de la memoria, la experiencia del paraíso. Y nunca nada ni nadie podrá arrebatártela. Experiencia que en ti se ha producido gracias a una triple conjunción afortunada: el tiempo primordial, en un espacio mítico, vivido en la pobreza. Y todo te acompaña desde entonces como salvación. Frente a la mezquindad humana, frente al mal, frente al sufrimiento y el dolor que a todo ser le esperan en su itinerario por el mundo. Llevas desde tu origen incorporada una experiencia decisiva del paraíso.

Una de las más hermosas vivencias que a cualquier ser le están reservadas es la de iniciar su trayecto en el tiempo sin la angustia de la conciencia del tiempo. En un primer estado de inocencia. En el que el ser se halla preservado, en un continuo ámbito de luz y de fulgor, de todo lo sombrío. Y tal preservación ocurre para que todas las visiones que la persona se lleva del mundo estén marcadas por el asombro y por el gozo. Así, las tuyas.

Visiones y vivencias además en un espacio mítico, en un espacio edénico. Lleno de valles y de castañares; de montañas en sucesión de cordilleras; de laderas umbrías de nogales y huertos; de paredones escalonados hasta alcanzar las aguas de regatos y cauces, de caños y de arroyos, en que la transparencia y el rumor se van dando la mano en su trayecto; de caminos, paredes y casetinas de granito; de saúcos, de alisos muy cerca de corrientes o de las aguas estancadas, en un reflejo sin fin.

Lleno de brezos en las sierras, por las que, con tu abuelo, realizaste el camino más hermoso que a un ser caberle pueda. Ibais por los atajos de montaña a lomos de la caballería, una jaca alazana, abrigados con grueso tapabocas, cuyo fondo era negro, con bellas geometrías de rojos y de verdes. A los lados, los brezos, las escobas, los chaguarzos, los piornos, las carquesas... del final del otoño. Y el aire que bufaba con amenaza oscura. Llegaba a tus oídos su bramido incesante y sentía el miedo dentro del corazón. Pero de él te salvaba el abuelo allí próximo, su calor junto al tuyo, en la caballería. Y así interiorizabas un mensaje profundo que te daba la vida. Siempre de lo más torvo nos defiende ese poso de gracia que llevamos, si sabemos guardarlo y nunca su rescoldo se apaga en nuestra alma. Y entonces ya la herida que en ti producía el aire quedaba ya curada en aquel mismo instante por el latir confiado del abuelo, que protegía tu pecho con su mano extendida. Y era una salvaguarda de vida frente al mal, frente a todo lo oscuro, lo sombrío, lo torvo. Y esa mano de amparo la llevas siempre en ti, como uno de los signos fieles del paraíso que te fue concedido y otorgado.

Una experiencia indeleble del paraíso, vivida en la pobreza, a la que tienes por uno de los rasgos más humanizadores que pueda serle concedido a cualquier persona. Pobreza de pucheros, de patatas cocidas, de ropas duraderas para cubrir el cuerpo. Pobreza como vía hacia el despojamiento, hacia la sobriedad. Pobreza que dispone ese diálogo, esencial, que ilumina, entre el ser más desnudo, despojado de todo lo que no sea verdadero, y el mundo en el que le es dado vivir. La pobreza bendita.

Y ahora ya lo sabes. Desde lo primordial -tiempo, espacio, pobreza-, aquel camino que un día hicieras con el abuelo en la caballería, por las montañas, con el bramido del aire, y con la compañía del miedo y del amparo, con la mano extendida y protectora, no es más que una señal de ese otro, en el que te hallas, hacia el paraíso que te está destinado.

(*La madre de los aires*, 2021)

SUEÑO DE LAS MONTAÑAS

Como gigantes agazapados, en un sueño enigmático desde el origen, las montañas esperan la llegada de otra edad mítica, para volver a una vida de seres que tocan de continuo el cielo en su deambular por la tierra.

Y siempre creísteis que son más altas de lo que aparentan, pues permanecen echadas, en una ocultación de sus formas, que esconden en mil pliegues, bajo alas ya invisibles, entre las que sumergen cabezas nunca vistas, ya que sus ojos no toleran soportar la luz de un sol cansado, ya muy envejecido, en la ancianidad del mundo, tras milenios de encender día a día sus lumbres.

Esperan las montañas el nacimiento de otra edad mítica, el surgimiento de otro sol naciente, que traiga nuevo vigor y nuevo despertar a las criaturas agazapadas. Porque saben que este tiempo de su letargo es de melancolía, de nostalgia de un antigua edad de oro de criaturas celestes, de criaturas aladas, que conocieron además el privilegio del vuelo, de asentarse en la tierra, de contener el fuego en sus entrañas como sangre de vida y, a la vez, de sumergirse en las aguas en busca de los fondos.

Criaturas con la experiencia cenital de los cuatro elementos. Entre ellas, las montañas, las cordilleras que en Alfranca sueñan con el advenimiento de otra edad, de un tiempo mítico que destierre el tiempo de la angustia, de la aniquilación, del mero acumular a costa de la vida de inocentes; que destierre el tiempo de la falta de amor. Las cordilleras que en Alfranca sueñan con el advenimiento del tiempo de la gracia, lleno de criaturas que soportan la vida en los cuatro elementos: en la tierra, en el fuego, en el agua, en el aire; en el que las palabras hermano, lentitud, apoyo, dignidad, amor, entendimiento, comunión, libertad y mansedumbre sean los únicos códigos para quien quiera merecer la vida.

Vosotros, cuando niños, las conocisteis ya agazapadas. Gigantes en el sueño del misterio y del mito. Materia germinal para otro reino. Las montañas de Alfranca. Las veíais protectoras y, a la vez, con temor. Pero nunca pensasteis que fueran amenaza para vuestro existir. El acceder a ellas solo necesitaba la llave de la imaginación.

Tú soñabas con un tiempo de montañas, como criaturas de Dios, que contuvieran todo. E imaginabas la montaña-valle, con sus sembrados en las orillas de los regatos deliciosos, verdaderos edenes para una vida paradisiaca, protegidos por alturas y picos. La montaña-pastor, tan llena de ganados y cencerras, de balidos y esquilas, que llenaba el aire de sones apacibles, también de lentitud como bálsamo capaz de curar las heridas del tiempo. O la montaña-bosque, poblada de misterios invisibles, de espíritus escondidos, capaces de abrir las puertas a otros espacios.

Y, mientras llegaba aquel advenimiento de montañas soñadas, entretenías tus ojos, cuando te hallabas embaído, con descifrar las formas de las que ante ti se mostraban día a día en sucesión lineal. Advertías en una el coche de línea que os llevaba a Helmántica. Otra se te figuraba como un rey y una reina abrazados por siempre, con coronas pétreas y con mantos lujosos, llenos de pedrerías imposibles. Y la más importante, la de un mayor vértigo ascensional para hacer posible el tránsito pausado o veloz de los ángeles, te parecía un manto de la Virgen, desplegado del todo con proporciones bellas, abierto y protector para acoger a todos.

Sueño de las montañas. Sueño de un tiempo mítico. Nostalgia de una edad poblada, sí, de seres de los cuatro elementos. Más allá de los peces del agua, de las aves del aire, de los hombres, mujeres y criaturas de tierra. Seres de la totalidad. Las montañas esperan ese día naciente. Cuando salga ese sol niño, llamadas por su luz, desplegarán sus formas verdaderas. Será el advenimiento de la montaña-valle, de la montaña-pastor, de la montaña-bosque. Será el advenimiento de otro reino. Los reyes abrazados despertarán entonces. Y del manto saldrán hacia la resurrección los muertos, que encontraron en la Madre cobijo.

Al alba sonarán los martillos y yunques; las esquilas de cabras y de ovejas por las calles de Alfranca; saldrán de los establos las vacas y los bueyes con sus cencerras graves. Y otra escuela con mapas y hemisferios, con grabados y esferas armilares, con chinitos y con enciclopedias, y con una alegría nunca vista enseñará a los niños la salmodia incesante del conocimiento y de la verdad. Los ancianos ante la lumbre llegarán a descifrar los secretos del fuego. Y todo se hará digno de merecer la vida.

(*La madre de los aires*, 2021)

PARA FUNDAR EL MUNDO

Porque, aunque te hayas ido,
Latirá tu presencia
En todos los espacios que tú amaste
Y en los que te entregaste
A la hermosa aventura de vivir.
Y tu palabra y tus melodías,
Tus relatos, tus cantos y oraciones,
El transcurrir de la memoria
Que siempre desgranaste
A través de unas sílabas
Atravesadas por el corazón
Vibrarán para siempre en los lugares
En los que celebraste
El don de la palabra
Que te fue concedido
Para fundar el mundo y hechizarlo
Con esas resonancias
Que brotaban hermosas de tus labios,
Procedentes de un alma clara y limpia.
No te puedes marchar.
En todos los espacios que habitaste
Irradia tu presencia,
La clara melodía del amor
Que celebraste sin poner obstáculos
Ni entorpecer con nada
Su manifestación.
No te puedes marchar.
Siempre estarás presente
En todo lo que amaste,
En esa melodía que irradiaba
De tu ser, que era cosmos,
Y que imantó la vida
De quienes te quisimos y queremos.

(*Fulgor de madre*, 2022)

HUERTO EN VERANO

En tarde de verano,
La madre riega el huerto surco a surco.
El niño la contempla
Subido en la pared.
La copa del nogal cubre el espacio
Como una celosía de ramajes
Ofrecidos al cielo.
La copa de nogal, qué protectora,
Es bóveda y es cosmos;
Los arrendajos cantan
–O gayos, como ellos
Los llaman desde niños–
Y van de rama en rama celebrando
La plenitud dichosa del estío.
La madre riega, atenta, surco a surco,
Traza caligrafías
Del agua en la extensión
De la tierra sembrada.
El niño, ensimismado,
Sentado en la pared
Contempla el transcurrir
De la tarde tan lento
Sin saberlo, se encuentran,
Ay, en el paraíso
Regido por el Dios de los humildes.
Hay un hilo de amor
Que vincula a la madre con el niño.
Nunca se romperá.
Aún sigue vibrando
Cada vez más flexible y más hermoso.

(*Fulgor de madre*, 2022)

(árbol junto a mansión abandonada)

Vuelves a florecer, árbol reviejo,
Junto a la casa abandonada
Y ya en ruinas por siempre.
El blanco de tus flores
Procede de la entraña más oscura
De tu raíz. Qué claridad
Se alberga en él, que nos transmite
Un ánimo tan grande
En horas decaídas.
Cómo resistes, cómo
Persigues la belleza,
También la dignidad y la alegría,
En cada una de las primaveras
Con tanta obstinación como floreces
Pese a todo lo adverso que te asedia
—Las ruinas, la vejez,
El paso de los días
Que todo lo devora—.
¿Y cómo florecer
Nosotros este tiempo de zozobras?
¿De qué raíz podemos
Hacer surgir el blanco de la dicha
Y de la dignidad
Y el renovado ánimo,
Para seguir con todos manteniendo
El latido del mundo?
Cómo floreces, árbol,
En esta primavera.
Danos tu obstinación,
Para seguir latiendo
Y existir en la música del mundo

(*Ritual de la inocencia*, 2023)

(mana la fuente)

Mana la fuente desde los orígenes.
Escucha su canción
Que viene de muy lejos.
Viene de la raíz
Donde los manantiales
Nacen y se generan,
De esa profundidad que tiene todo
Lo que merece ser tenido en cuenta.
Escucha la canción
De la fuente que mana;
Trata de descifrar su melodía
Y acompasa el rumor de tus latidos
Con el compás continuo de la fuente,
La incesante canción
De sus aguas secretas,
La melodía de su transparencia
Tan relajante y purificadora.
Mana la fuente desde los orígenes.
Ven, acerca tus labios
Al corazón del agua;
Bebe y sacia tu sed,
Distribuye las aguas
Por los espacios todos de tu cuerpo,
Hasta que al alma llegue
Esa gota tan pura,
Esencia del origen y del tiempo,
El punto cenital
Por lo que hemos venido y aquí estamos

(Ritual de la inocencia, 2023)

(*dios del lugar*)

Dios del lugar, protégeme,
Donde quiera que estés, donde te encuentres,
Donde se halle el altar de tu silencio,
Donde te escondas, donde manifiestes
La potestad antigua que te inviste,
El aura de la luz, de lo sagrado,
Donde se encuentre el territorio tuyo
Pese a que no podamos alcanzarlo.
Dios del lugar, protégeme.
A cambio te daré la melodía
Que habita en mi existir
Y cuyos hilos tejen
Lo mejor de mi ser,
Lo mejor de mi vida

(*Ritual de la inocencia*, 2023)

(*acudo*)

Cojo la azada, acudo
A cultivar mi huerto, mi jardín;
Siembro en surcos las sílabas
Que habrán de florecer en el poema.
Pequeña es la semilla,
Mas, enterrada, crece,
Letra a letra, en el orden
Que da sentido al mundo,
La sucesión dichosa
Que configura el canto.
Un silencio de sílabas
Habita en cada verso,
Su sentido y su música se aman
Y este decir alberga
La cifra del misterio.
En mi jardín trabajo cada día,
Huerto abierto a la luz,
Sílaba a sílaba,
Y esta labor constante
Busca la comprensión
De este prodigio que es el existir

(*Ritual de la inocencia*, 2023)

(*torreón de palabras*)

Mañana del invierno.
Sobre el alero las palomas
Alineadas reciben
La luz solar primera
Allí en el torreón que mira a oriente.
Todo es un hágase.
La melodía de la recepción
Requiere la quietud
Y también el silencio.
Necesitamos el calor
Y la luz de lo alto,
La manifestación de lo que importa,
Si no ¿de qué valdría
Estar aquí presentes
Sobre el alero esférico del mundo,
Existir, anhelar, latir al ritmo
De un cosmos del que todo lo ignoramos?
Existimos a tientas;
Sin embargo, qué hermosa
Es esta vibración que nos impulsa,
Alero de palomas,
Torreón de la luz,
Silencio de palabras

(*Ritual de la inocencia*, 2023)

(cestos)

Cestos de Zurbarán. La tela blanca
Cubre el ajuar de la costura
Recogido en la trama de las mimbres
Trenzadas en hermosas geometrías
Para lograr el círculo matriz.
El silencio nos habla.
Es callada labor la de coser con hilos,
La de tejer, bordar, zurcir lo roto,
Oficio de paciencia
Y de delicadeza.
Es callada labor la de juntar palabras
Y despertarles el fulgor que encierran
Y revelar el mundo
Con sílabas calladas.
Oficio hermoso de tenacidad,
Cifrado en el emblema de lo blanco.
En el cestillo está el ajuar dispuesto,
Azafate trenzado,
Cesto de la costura
Para esa delicada
Labor de pronunciar el mundo
Desde la más secreta y entregada
Caja de resonancia
De nuestro corazón

(*Ritual de la inocencia*, 2023)

(*trazo*)

Trazo siempre una casa
Para que habiten las palabras,
Para que habite el corazón
De quien las ama,
De aquel que sabe pronunciar
Con toda el alma.
Y abro de par en par
Sus puertas y ventanas
Para que entren,
Para que salgan
Las sílabas, los nombres
Y todo aquel que eche en falta
Un cobijo, un refugio
Y el fuego con las llamas,
Porque el frío del mundo
Seca del corazón todas las ramas.
Con sílabas hermosas
Trazo siempre una casa,
Para que habiten todos
Y, siempre iluminada,
La comparto con todos
Y a nadie dejo en falta

(*Ritual de la inocencia*, 2023)

(en el origen)

En el origen de las aguas,
Lejos, lejos de todo,
El final apartado de los montes,
El rumor de los cauces que descienden
Para formar el río
Y el palomar en la ladera
Como templo redondo de las aves.
En el origen puro de las aguas,
Donde todo se forma,
Donde todo se gesta en el silencio
Más misterioso y más desconocido.
De allí parte un camino hacia las sierras,
Hacia el confín del mundo,
Hacia una vida plena que ignoramos,
Hacia esa melodía del saber
Que se encuentra en las fuentes.
En el origen más ignoto
Donde todo se forma y se genera,
En la matriz del mundo,
En ese territorio,
Ay, del que procedemos
Aunque lo hayamos olvidado.
Sigue, sigue el camino
Hacia el origen de las aguas,
Al manadero puro de las fuentes,
A la verdad de la raíz,
Y nunca, nunca dejes de buscar,
Porque hay allí un olvido que es memoria

(*Ritual de la inocencia*, 2023)

(desde)

Desde el umbral del mundo,
Desde el límite mismo
De acceso a lo que existe,
Desde las ramas altas del amor,
Desde el silencio antiguo del origen,
Desde la melodía
Que proclama la luz
Y se expande por todo jubilosa,
Desde el latir y el respirar continuos,
Ritmos del ser concordes con el mundo,
Desde el telar hermoso
De la fraternidad,
Desde la voz que imanta
Todo aquello que nombra
Y lo impulsa a existir
Y le da consistencia,
Desde mi cuerpo, desde los sentidos
Y también desde el alma, colmenar
Que protege la miel de lo que importa...

Contemplo lo creado
Y lo convierto en modo
De amor, sin pedir nada

(Ritual de la inocencia, 2023)

(*hors de*)

Fuera de lo que estorba y que distrae
Y de la vanidad
De los primeros planos.
Fuera de los mercados
Del reconocimiento,
De las adulaciones
A los conseguidores e influyentes.
Fuera de la corriente
Que arrastra y desdibuja
Nuestro ser verdadero.
Fuera del compadreo
Y de las adhesiones
Y de las estrategias
Para adquirir los logros
Y de lo que se lleva
Y de lo que se estila,
Sí, de lo prestigiado por el mundo.
Fuera de todo eso.
Y siempre más atrás,
En los segundos planos,
Desentendido siempre
De los ruidos del mundo,
De la impudicia de las nóminas
Y de los triunfadores.
Fuera de todo eso.
En esa pobrecilla
Mesa de paz luisiana,
Fiel a la melodía
De lo que más importa…

Ahí

(*Ritual de la inocencia*, 2023)

(*hoy tan lejos*)

Los pasos perdidos

ALEJO CARPENTIER

Los espacios antiguos, hoy tan lejos;
Borrados los caminos
Para acceder a ellos, a su alma,
Para encontrar el centro misterioso
De la vida perdida, de los ritos
Que un día celebraran
Quienes estaban fascinados
Por la magia del mundo, hoy tan lejos.
Los espacios antiguos,
Perdidas y olvidadas melodías
Se entonaron en ellos,
Las salmodias de la celebración
Y la oración precaria de la súplica,
Extraviados melismas
Que imantaban los bosques y las fuentes,
Que hechizaban las horas
Y el vuelo incandescente de los pájaros.
Hoy tan lejos,
Perdidos los caminos
Para acceder al corazón del mundo.
Pese a que en ocasiones
Oigamos los destellos de una música
Que quisiera orientar nuestro existir

(*Ritual de la inocencia*, 2023)

(aura de lejanías)

La melodía de los montes
Entregados al ritmo de los fríos
Y de la luz en este invierno.
Retracción del espacio,
Ofrecimiento al mundo
Dilatado y sin límites,
Pese a que la mirada
No pueda abarcar todo
Lo que se manifiesta.
¿Dónde estamos nosotros?
Hemos perdido el aura,
Ay, de las lejanías.
La melodía de los montes
Guarda silencio, calla,
Su música es secreta,
Solo para quien sabe,
Solo para quien vive en el silencio

(Ritual de la inocencia, 2023)

(escrituras antiguas)

Escrituras antiguas,
Trazos de los enigmas y los sueños.
Los pulsos de la sangre
Expresados en líneas.
La fortificación de la memoria
Y las huellas tan frágiles
Mas también duraderas
De una escritura que habla del origen.
Signos, trazos, memoria
De aquello que olvidamos,
Que nos llega cifrado en unas líneas
Que expresan ritmos y también misterios
Que ya no comprendemos.
Escrituras antiguas
Sobre pulida piedra,
¿Quién las descifra hoy,
En qué llama se albergan sus sentidos?

(Ritual de la inocencia, 2023)

(me quedaría)

Me quedaría en este azul,
En esta eternidad, aura celeste,
En esta elevación inalcanzable
En la que la materia se diluye
Para volverse aire,
Para hacerse invisible en lo infinito,
Transformarse en fulgor y melodía.
Me quedaría en este azul,
En este sueño de la luz perenne
Que se esconde y resurge
Con los ciclos del día y de la noche.
Me quedaría en este mediodía,
En esta elevación, en este cántico,
Diluida por siempre mi conciencia
En esferas celestes anheladas,
Ingrávidas, traslúcidas
Como esta plenitud
Que contemplo en lo alto.

Cántico de silencio,
Luz de todas las músicas,
Cómo nos consoláis
A quienes existimos
Aquí en el desamparo

(*Ritual de la inocencia*, 2023)

(bosque de silencio)

Un bosque de silencio
Nos acoge este instante.
Una brisa invisible
Y este verdor que es calma
Transmiten ilusión de eternidad.
La luz lo crea todo
Y nos crea también
A nosotros que ahora
Parecemos haber llegado aquí
A ser salvados por un paraíso
Que, por fortuna, existe.
Todo se esfumará, pero es lo mismo.
La gracia de este instante
Pleno nos pertenece,
Quedará en la memoria,
Sí, de lo conseguido.
Nada arrebatará
Lo que nos ha salvado

(*Ritual de la inocencia*, 2023)

(torre de catedral)

Esta aguja calada de la torre
Como flecha hacia el cielo,
Hoy tan azul, tan puro,
En su silencio guarda
Algún secreto que nos pertenece,
¿Un modelo de vida?
Calma, silencio, voluntad de ser,
Permanencia, quietud,
Fidelidad a todo lo que importa
Y esa serenidad
Que irradia siempre de lo conseguido.

¿Podremos abrazar
Nosotros esa música?

(*Ritual de la inocencia*, 2023)

(lo más hermoso)

…Porque lo más hermoso
Es aquello fundado en el amor…

(Ritual de la inocencia, 2023)

FUNDAR EN EL AMOR

Como pidiera la poeta judía Nelly Sachs, poetizar es realizar un viaje a la transparencia. O, lo que es lo mismo, un viaje a lo sagrado. A lo sagrado del ser y a lo sagrado del mundo.

Tal viaje habría de perseguir una finalidad, expresada asimismo por la poeta judía: "encontrar la oración / que recompone las sílabas mutiladas". Recomponer las sílabas mutiladas, para, a través de tal mecanismo, encontrar la oración, en cuyo territorio se albergan algunos de los más hermosos modos del poetizar, como la invocación o la súplica.

Y, en tal búsqueda, procedemos por tanteos. Búsqueda que es, al tiempo, rito y celebración. Y también ceremonia. Ritual íntimo y silencioso de un yo a un tú, para crear el territorio del nosotros, de la fraternidad.

Para fundar en el amor lo más hermoso

(*Ritual de la inocencia*, 2023)

(en todo lo pequeño)

La vida se halla en todo lo pequeño,
En lo que existe a ras de lo que somos,
En aquello de lo
Que no nos damos cuenta
Y tantas, tantas veces despreciamos,
Pensando, equivocados,
Que se halla en otro sitio
La vida verdadera.
Y hay que abordar los días
Sin reservarse nada,
Poner toda la carne
En el pobre asador de los minutos
Y no dejarse nada en el tintero,
En espera de lo que nunca llega.
Porque es en lo pequeño
Donde se halla el fulgor de lo que somos
Y en ello hemos de arder
Y, plenos, entregarnos a los días
Que nos están a todos destinados.
La muerte da lo mismo,
Pues no sabemos nada del misterio
Del que formamos parte
Y al que pertenecemos

(*Ritual de la inocencia*, 2023)

(robledal)

Ahora la melodía de los bosques
Se encuentra aquí
En este robledal por el que paso,
Que en esta primavera
Recibe la caricia de la lluvia.
Si hubiera paraíso,
Aquí se encontraría.
Nada de lo esencial
Falta en este jardín de primavera,
Tan lejano de todo,
Por el que transitamos
Sin otra compañía
Que nuestra soledad maravillada
Por este resurgir que desafía
Los escuadrones de la muerte

(*Ritual de la inocencia*, 2023)

EPÍLOGO

La geografía del corazón:
un mapa íntimo y afectivo del ciclo topográfico de la
poesía de José Luis Puerto

por

MARÍA SOFÍA URRUTIGOITY DE HEIREMANS

"¡Oh! ¿Dónde está el lugar -yo lo llevo en el corazón-?"
Rilke, epígrafe de *Proteger las moradas*, p.5

"Porque todo lo hermoso conseguido
existe en la belleza
y funda territorios duraderos"
José Luis Puerto
Ritual de la inocencia, p.69

Con el principal propósito de ofrecer a los lectores de esta antología un abordaje de recepción y, sobre todo, de disfrute de lo que podríamos llamar, dentro de la obra total de José Luis Puerto, el ciclo topográfico de sus poemas, delimitaremos en este epílogo algunos rasgos esenciales de la escritura topográfica del poeta. Creemos que este recorrido es de suma relevancia a la hora de comprender en profundidad hacia dónde conduce este "mapa afectivo" o "geografía del corazón", según él mismo nombra en el poema "Valles umbríos" de *Las cordilleras del alba* (1991), concepción poética influida por las moradas teresianas o los colmenares del alma de Machado.

"Podemos tomar el pulso a nuestras tierras y conocerlas mejor en estos pequeños viajes", expresa José Luis Puerto en una columna de opinión quincenal del pasado agosto 2024 en un periódico digital salmantino; por lo que, siguiendo su impulso, este epílogo ofrece desandar el paseo por distintos lugares que la poesía topográfica de Puerto traza e indagar en sus significados. En otras palabras, encarnar al *homo viator*, como el autor nos invita en "El territorio", al inicio de *Las sílabas del mundo*.

Sin embargo, ¿cómo ir tras los pasos de esta topografía lírica y vital sin apartarnos de nuestro camino, que es el de transmitir ciertas pistas a la hora de dejarse llevar por el gozo de los sitios, lugares y espacios o, dicho de otro modo, lugares, estancias y moradas, que el autor nos convida a explorar a partir de su propio territorio del origen y bajo la guía de la fraternidad, alianza y celebración? La respuesta se alza en boca del mismo autor: "No hay otra guía propia que la del corazón"[1], por lo que será la misma lectura de todos los poemas que configuran las tres partes de esta antología, lugares, estancias y moradas, los que nos señalarán el curso que debemos seguir. Los lugares son sorprendentes, el mapa se abre y el poeta nos emplaza en la manifestación de su mundo. Contamos con una sibila, su poesía: "A vuestro territorio, / Llevadme, mis palabras, con vosotras"[2]. Acompáñennos en este recorrido: "Venid conmigo hoy a recorrer despacio los caminos"[3].

Comencemos con la presentación de en qué consiste lo que hemos denominado el ciclo topográfico de la poesía de José Luis Puerto. Ya desde su primer poema de su primer libro, *El tiempo que nos teje* (1982), nos ubica en el terreno de su poesía como un campo muy vasto donde la pluma traza, como lo hiciera un tejido o bordado serrano de su entorno salmantino, un hilvanado de diferentes ciclos simbólicos ordenados por el criterio de su poética de comunión, alianza, fraternidad, memoria y celebración. Dentro de este territorio, de este entrecruzamiento de hilos de su poesía o, como lo bautiza Prieto de Paula, "tejido anímico"[4], los poemas que responden al ciclo topográfico, es decir, sobre lugares, sitios y espacios, se elevan y erigen por sobre otros, dada su constante aparición o alusión. Por consiguiente, se vuelve sustancial antologarlos y ofrecer un breve análisis para alumbrar con el fulgor de las palabras los rincones de sentido más profundo de esta geografía literaria, tan central y recurrente en su obra, tal como hiciera el poeta o "el encargado" de *Proteger las moradas* (2008).

De igual modo, este ciclo topográfico comprende tres conceptos claves que funcionan como criterio de estructuración de la antología. En primer lugar, aquellos poemas inspirados en "lugares concretos de

---

[1] Puerto, José Luis (2020). *Memoria del jardín (Selección de poesía) (1977-2018)*. Ediciones Diputación de Salamanca, Salamanca. Pág.9.

[2] Prieto de Paula, Ángel (2020). *Memoria del jardín (Selección de poesía) (1977-2018)*. Ediciones Diputación de Salamanca, Salamanca. Pág.17.

[3] Puerto, José Luis (2021). "Los caminos" *La madre de los aires*. Editorial Páramo, Valladolid. Pág.30.

[4] Prieto de Paula, *op. cit*. Pág. 18.

naturaleza pública", ya sean nacionales, en suelo español, o internacionales. A esta categoría, José Luis Puerto la ha denominado "Lugares (ámbitos geográficos)". En segundo lugar, los poemas ambientados en "sitios concretos de índole privada o personal", a quien el autor llama "estancias (ámbitos íntimos)", como la casa albercana[5], el jardín, el cortinal, entre otros. Por último, la noción más amplia de "espacio", haciendo alusión a aquellos poemas cuya espacialidad adquiere tanto protagonismo a la hora de interpretarlos, al punto de volverse significación metafórica, figurada y símbolo. A esta categoría, Puerto la ha bautizado como "Moradas (ámbitos estéticos y morales)". Ya el poeta esboza en sus poemas esta diferencia de concepciones espaciales al leer "Recintos de interior./ Allí donde no entra/ Quien no ha sido llamado./ Un lugar desde el margen./ El sitio sin lugar"[6]. De hecho, a lo largo del trayecto, veremos que el concepto de sitio y lugar, de la misma manera que opera la memoria según la crítica, funcionan como punto de partida para la construcción de este espacio poético construido por la belleza, motivo puertiano clásico; verbigracia, "Alhajas" en *La madre los aires* (2021).

Llegamos a la primera parada de nuestro camino. Veremos diferentes tipos de poemas topográficos que, a su vez, después condensaremos en pocos motivos, a fin de hilar más fino sobre este tejido simbólico[7]. Delimitaremos los siguientes: poemas de montañas, de valles, de rocas[8], ruinas, cementerios, templos, aras votivas[9], poemas del oeste, de Portugal,

---

[5] En el libro *Las cordilleras del alba* (1991), el autor denomina a este tipo de casas "viviendas de Alfranca".

[6] Prieto de Paula, *o. cit.* Pág.17.

[7] En este punto coincide Ángel L. Prieto de Paula, al detallar que la poesía de Puerto se despoja hasta lograr un estado irreductible, habitado por unos cuantos motivos identificables y propios, con una actitud poética entregada a la vocación de los orígenes. *Ibidem*, pág.10.

[8] Téngase en cuenta el reciente lanzamiento del nuevo libro *Cristal de roca* (2024).

[9] José Enrique Martínez señala que el símbolo de la piedra y de las ruinas en José Luis Puerto opera como un anhelo de permanencia que funda espacios sagrados. Por ejemplo, poemas sobre dólmenes, poema "(campo de almendros)", "(canecillo, ermita de Calatañazor)" o los poemas de Marruecos, poemas en templos medievales (San Martín de Escalada, San Esteban de Corullón, el Panteón de los reyes de San Isidro, la catedral de León, la de Chartres, la Seo de Zaragoza, Nuestra Señora de la Peña en Sepúlveda o San Martín de Frómista. En ellos se determina un espacio fundacional.

de Salamanca, León, Marruecos, Grecia y, en tanto construcción de espacio poético, destacamos los poemas que hacen de la belleza, el arte, la poesía, la memoria, la muerte, el amor y el misterio un espacio sagrado protector[10]. Nos permitimos ilustrar el ciclo de poemas topográficos sobre montañas con un pasaje de *Señales*. Este alude a la aguda ligación entre la identidad, el espacio y la búsqueda de aquello más allá de lo tangible, también concebido de manera espacial y trayendo a colación símbolos de ascensión: "Entrañas/ de otro lugar en que la sangre expresa/ La orografía y el rumor del mundo"[11].

Asimismo, todos ellos se sintetizan en un mapa afectivo e íntimo hacia la morada, el jardín y Alfranca, tres motivos recurrentes o constantes de la geografía del corazón opuestos a la intemperie, como hiciera Rilke con las nociones de reino vs. exilio o, en lenguaje de Puerto sinonímico, la herida y la gracia. Por consiguiente, notamos una espacialidad doble entre adentro/afuera o abierto/cerrado[12]. Téngase en cuenta los mismos títulos de sus libros: *Un jardín al olvido* (1986), *Las cordilleras del alba* (1991), *Paisaje de invierno* (1993), *Un bestiario de Alfranca* (2008), *Proteger las moradas* (2008), *Trazar la salvaguarda* (2012), *La casa del alma* (2015), *Animalario. El jardín olvidado* (2015), *La protección de lo invisible* (2017), *Topografía de la herida* (2021).

Además, así como sugeríamos la imagen del tejido, es curioso observar cómo el poeta salmantino recrea, libro a libro y en cada poema, un movimiento espiralado. "Toda la variedad de los caminos

---

Martínez, José Enrique (2020). "Introducción. Contemplación, emoción, meditación". *Nombres de la mirada. Reunión de poemas sobre arte (1987-2019)*. Calambur, Valencia. Págs. 7-20.

[10] "Estos espacios sagrados son sentidos, asimismo, como espacios de protección, espacios sagrados de acogida y salvaguarda" explica José Enrique Martínez. Por ejemplo, poema "(catedral)" de Catedral de León. *Op.cit.* Págs. 7-20.

[11] Puerto, José Luis (1997). *Señales*. Visor, Madrid. Pág. 21.
Para ampliar sobre el tema de cómo J.L. Puerto concibe el símbolo ascendente de la montaña, se recomienda oír la conferencia en línea "Otro modo de ver y leer las bienaventuranzas".
Puerto, José Luis (2012). "Otro modo de ver y leer las bienaventuranzas". [Disponible en https://www.youtube.com/watch?v=IMTEX7QEwPg. Última consulta: 2 de septiembre de 2024].

[12] "Aquel mito personal iría fraguando en las siguientes entregas, cuajadas de referencias al espacio claustral de la casa y al espacio abierto del campo". Prieto de Paula, *op. cit.*, pág. 12.

se aloja en mi memoria" expresa en *La madre de los aires (2021)*. Así, el yo lírico emula las calles de La Alberca o el curso de un laberinto de autoconocimiento y sabiduría de mundo, tan mencionado en sus poemas. Por ejemplo, con la Catedral de Chartres, haciendo eco de una vertiente de la poesía órfica como vía de conocimiento, anclada en cultos mistéricos, de suyo tan simbólicos y en búsqueda de trascendencia[13]. Otro ejemplo, entre varios más que se podrían nombrar, es el entramado temático con que articula un texto con el siguiente en *La madre de los aires* o los poemas "Dolmen", "Lugares de la desmemoria", "Losas", "A Carmen, en memoria" y "Maqbara" de la *plaquette Para invocar la memoria (ofrenda)* (2006). Ellos serán recuperados y retomados en el libro *De la intemperie* (2004).

Llegamos a la segunda parada de nuestro camino, el mundo de Alfranca, cuya etimología está compuesta por la suma de La Alberca y La Peña de Francia. Alfranca recrea el mundo del origen, donde se nació a la vida y a la poesía, "un lugar configurado por la experiencia del espíritu", un espacio para el estado interior de plenitud, según da cuenta M. Alcalá[14]. Por lo tanto, es llamativo que las características de este ciclo topográfico nos hablan de una marcada y permanente tendencia a la espacialización en la escritura de Puerto. Otro caso ejemplificador corresponde no solo al título de *Topografía de la herida* (2021), entendiéndose por "topografía" a la técnica de describir y delinear detalladamente la superficie de un terreno, el cual es el acto de habla principal del poemario; sino también a la

---

[13]   María Alcalá, en el epílogo de la antología *Memoria del jardín* (2020), recupera un fragmento de *El animal del tiempo* (1999) donde Puerto explica su concepción de la escritura como fruto de un mundo propio. Es decir, un trabajo interior en el silencio ("en los colmenares del alma", como Machado), y con una mirada personal sobre lo existente. Más aún, leemos en el poema "(desde)" de *Ritual de la inocencia* (p.123), la terminología del corazón como colmenar cuya miel es el trabajo interior. Por otra parte, Antonio Gamoneda dice sobre la apertura a la trascendencia de Puerto en "Presentación" a *Paisaje de invierno* (1993): "él pone la mano sobre cosas recordadas y amadas, las presencializa y las lleva melancólicamente hasta el borde de la trascendencia"
Alcalá Castilla, María (2020). "Memoria, pensamiento y poesía en José Luis Puerto". *Memoria del jardín (Selección de poesía) (1977-2018)*. Ediciones Diputación de Salamanca, Salamanca. Pág. 234-242.
Gamoneda, Antonio (1993). "Presentación". *Paisaje de invierno*. Mar adentro, Salamanca. Pág.10.
[14]   Alcalá Castilla, María, *op.cit*. Pág. 234-242.

estructura cuidada del libro, recurso muy característico del estilo Puerto. En la primera parte denominada "Entrada", simula la puerta de acceso al contenido. Para corroborarlo, invitamos a hojear la selección de poemas provenientes de dicho libro. Lo mismo sucederá con la estructura de "Entrada" de *La casa del alma* (2015). Es oportuno agregar que en el poemario *Señales* (1997) se lee un verso que sintetiza este punto: "Topografía / Para vencer la muerte[15]".

Llega la hora de un tercer alto en nuestro paseo, ahondaremos en esta tendencia a la especialización. Para ello, veremos algunos recursos de los que el poeta se vale, como si fueran llaves de acceso al mapa de su escritura. Estos son el desdoblamiento del yo lírico y la inclusión de epígrafes. Antes bien, al respecto, no queremos dejar de mencionar dos aspectos, uno sobre *Para invocar la memoria (Ofrenda)* y otro sobre *El tiempo que nos teje*.

Sobre la *plaquette,* es notoria la tendencia a la especialización al encontrarnos en ella dieciséis poemas topográficos de un total de veinticuatro, casi un sesenta y siete por ciento del total. Es original aquella espacialización del motivo místico de la noche oscura y la representación espacial del vacío interior y de la muerte. Incluso, ubicar las reflexiones en torno a lo que el autor entiende por condición humana en un espacio poético, en este caso, espacializar la propia miseria humana. A esto mismo lo trabaja, aunque de modo muy distinto, en *Paisaje de invierno*. Allí, el paseo por distintas postales heladas son una meditación sobre el ser humano cuyo desprendimiento trae semilla y resurrección sepultada. Esta *plaquette* nos conduce a considerar el lugar, el sitio y el espacio (moradas, estancias y lugares) como un territorio de nuestra identidad destinada a la esperanza: "los lugares que llevan / escrito lo que somos en su sangre" y "Acude hasta el lugar. También es tuya, / Se aloja en ti la podredumbre / Que aspira a ser resurrección un día".

Sobre *El tiempo que nos teje*, la tendencia a la espacialización es particular porque, de la misma forma que la poesía de Puerto no puede entenderse sin las referencias espaciales de su contexto local, esta tendencia, siguiendo la noción de "cronotopos" de Bajtín, hace al espacio de cada poema de la antología inseparable a su tiempo. En los

---

[15] Puerto, José Luis (1997). *Señales*. Pág. 29.

apartados "Coda" y "Capo" de su estructura, *El tiempo que nos teje* nos adentra en la escritura misma o el cuerpo de la amada como un campo y en la delimitación de dos zonas urbanas. Primero, la ciudad desde un enfoque negativo, que responde al suceder del tiempo cronológico, a la mejor influencia de Lorca, como la ciudad de los márgenes que recorriera en *Poeta en Nueva York*, o a la visión de Buenos Aires del escritor argentino Leopoldo Marechal en *Adán Buenosayres*. Segundo, la ciudad renovada, de manera positiva, donde el suceder del tiempo mítico, el *xáiros* (χαὶρος), desde la cosmovisión mitológica griega, la redime. No hay que olvidar que los poemas urbanos en Puerto son pocos y, en paralelo, solo algunas ciudades como los poemas a Salamanca cobrarán estas características de la ciudad renovada.

Ahora bien, en cuanto al recurso del desdoblamiento del yo lírico al tiempo que se autobautiza con epítetos, diremos que es frecuente en Puerto y nos habla de otra manera muy original de su estilo para plantear esta tendencia a la espacialización de su poesía. En *Estelas*, leemos "el contemplativo" y nos desplaza por distintos escenarios. En *Paisaje de invierno*, "el paseante", entre otros epítetos del yo, como "el encargado". Este recurso contribuye a enfatizar el efecto mítico que mencionábamos sobre Alfranca.

A propósito de Alfranca, ella se levanta como espacio vertebral de la poesía topográfica de Puerto, al tiempo que el poeta utiliza la tendencia a la mitificación. Puerto dota a La Alfranca de rasgos míticos e incluso épicos, al igual que lo hiciera García Márquez con Macondo en *Cien años de soledad* o los cronistas de la literatura hispanoamericana colonial, cuya tendencia a la fabulación es evidente. No en vano se dijo que el sintagma "Memoria del jardín" fija su mito personal mediante la unión entre la realidad de su pueblo con el mito. Esto trae como consecuencia que el lugar de la casa y el jardín sean el centro de su poesía, al maridar en un mismo plano las realidades tangibles y espirituales, dada la "intensa subjetividad simbolizadora y mitogénica"[16]. Leemos en "Hacia las peñas altas"[17]: "Escenarios todos ellos de un tiempo de oro, de un jardín del que

---

[16] Prieto de Paula, *op. cit.* Pág.11-21.
[17] Puerto, *La madre de los aires*, pág.11.

nadie arrancaba sus manzanas míticas, y al que pertenecías, en aquel tiempo de gracia del mundo".

Es el momento de frenar por cuarta vez en nuestro camino, ya que interpretaremos el recurso habitual de Puerto de acompañar con epígrafes sus libros, a saber, otro modo en que la tendencia a la espacialización articulada con la tendencia a la mitogénesis se manifiesta[18]. Si prestamos atención a la totalidad de los epígrafes de sus libros hasta el momento publicados, concluiremos que, en líneas generales, todos ellos podrían sintetizarse en el tema del alma como un lugar especialísimo, a tal punto que "Hablas, escribes sobre un solo lugar que a todos contiene", reza el epígrafe de *Estelas* en boca de Edmond Jabés. Esta mirada del alma queda permanentemente plasmada en términos espaciales: ya sea como "brasas de la memoria", como morada, como casa de la memoria o casa del alma, como leemos en el título de uno de sus libros, ya sea como jardín. "Solo es mío/ el país que se encuentra en mi alma./ Entro allí sin pasaporte,/ como en mi tierra/ (...) Las calles me pertenecen,/ pero en ellas no hay casas,/ han sido destruidas desde la infancia/ y los habitantes vagabundean en el aire/ a la busca de un refugio./ Ellos habitan en mi alma/", declara Marc Chagall en el epígrafe de *Trazar la salvaguarda*.

Esta tendencia a la espacialización, construida en la metáfora del alma como lugar, se hace carne bajo dos símbolos. En relación con una lectura querida por el poeta, John Ruskin en *La lámpara de la memoria*, el primer símbolo es el de la casa, la morada de la memoria, casa del alma, o, segundo, bajo el símbolo del jardín. Se aúnan ambos símbolos de casa y jardín, por ejemplo, en dos epígrafes del mismo autor, Elías Canetti, en distintos poemarios. Se observa en *Proteger las moradas*: "Un jardín, ¡qué jardín aquel al que jamás se accediera por el mismo lugar" y en *La madre de los aires*: "Toda literatura oscila entre la naturaleza y el paraíso, y le gusta tomar una cosa por la otra". De esta manera, queda claro cómo el alma ubicada en el símbolo de la casa y del jardín adquiere tintes míticos cosmogónicos, cualidad propia de la poesía con apertura a lo sagrado. Un texto prototípico de este asunto es "El

---

[18] Afirma Prieto de Paula: "Atender a las citas de cada libro como muescas de la identidad propia". *Op. cit*. Pág. 18.

paraíso" en *La madre de los aires*. Se puede leer en la página 267 de esta antología.

Este punto de nuestro camino nos aproxima a la llegada de nuestro recorrido. Hemos entrado en el terreno final del paseo por este ciclo de poemas topográficos antologados. Ingresaremos en un tema sustancial de la poesía de Puerto, el de la contemplación y la trascendencia. Así como anteriormente analizamos que la dimensión espacial de la poesía de Puerto es inseparable a la dimensión temporal, o *cronotopos*, en terminología de Bajtín, luego de este recorrido, es notorio que el yo lírico indaga en una búsqueda por el significado de la belleza, actitud cuyo acto de habla desemboca, siguiendo a José Enrique Martínez, en una contemplación que deriva en meditación[19]. Por ejemplo, recordemos el texto "Las figuras del miedo" de *La madre de los aires*. El tema de esta prosa poética es delimitar un espacio estético, de quietud, silencio, donde descansa el misterio.

Por ende, esta cualidad de su poesía topográfica como estrategia discursiva para ambientar y ubicar el mundo interior, el de las emociones, el del espíritu, el de la sublimación en vía a la trascendencia espiritual propone, de suyo, un fuerte llamado a la alianza, a la unión. Como intuyó tempranamente el poeta Antonio Gamoneda sobre uno de sus primeros poemarios, *Paisaje de invierno*[20], José Luis Puerto ve y comprende la tierra y el tiempo juntos. Tiene una verdadera sabiduría visual, espacial, cuya autoridad de la mirada se sustenta en la claridad de unos ojos bañados en luz, asombro, infancia, memoria, celebración, es decir, alianza.

Esto no solo se aplica a la inseparabilidad entre espacio y tiempo, o entre su contexto salmantino y su obra, o su obra como "recinto ceremonial" -como lo denomina Ángel L Prieto de Paula[21]-, sino también a una alianza más profunda, de identificación entre lo contemplado y quien contempla, de unión y fundición con aquello que se canta, que se ama. A esta concepción la hemos denominado la magnánima poética de alianza o comunión de José Luis Puerto: "un diseño del mundo asentado sobre las

---

19 Martínez, José Enrique, *op.cit.* Págs. 7-20.
20 Gamoneda, *op.cit.* Págs. 9 y 10.
21 Prieto de Paula, op.*cit.* Pág. 16.

emociones naturales y una voluntad contemplativa"[22], "un universo de calado espiritual del que se excluye todo lo inesencial a esa experiencia en que el hombre queda a la intemperie"[23].

En consecuencia, vamos terminando de recorrer este mundo poético convencidos de que este territorio de palabras, este ciclo topográfico de la escritura de José Luis Puerto desemboca en el campo vasto del amor, en una "monocordia litúrgica"[24]: "Palabras indefensas/ Que van a un territorio/ Donde el amor es música"[25].

El territorio de la obra poética se vuelve territorio protector, un recinto de seguridad y refugio de la intemperie a partir de fundirse con lo amado, como se puede observar en detalle en *Ritual de la inocencia*. A tal punto, que María Alcalá observó cuatro etapas de la contemplación en este poemario[26], en la cual la más honda es una alianza plena con lo cantado, tal cual definíamos como "poética de alianza y comunión celebratoria". En otras palabras, oyendo a Teófanes Egido, un gran pensador predilecto del poeta, esta poética es su modo de lograr una auténtica "espiritualización del espacio físico"[27]. Más allá de lo hasta el momento planteado, en el decir de José Luis Puerto, ¿en qué consiste? Responde el poeta: en "una emoción y una celebración de la creación del ser humano y de la vida, que, para ser plena, ha de estar atravesada por la verdad, la bondad y la belleza"[28].

La poesía es una llanura de papel, escribirá en su primer poemario y retomará la idea en cada uno de sus libros, principalmente en *La casa del alma, La madre de los aires* y *Ritual de la inocencia*, la poesía es un sitio, un lugar, un espacio del corazón al cual se accede mediante el amor: "se halla alojada

---

[22]   *Ibidem*, pág. 14.

[23]   *Ibidem*, pág.18.

[24]   *Ibidem*, p.16.

[25]   Puerto, *Señales,* pág.14.

[26]   Alcalá, María (2023). "Rito y contemplación en *Ritual de la inocencia*, de José Luis Puerto". *Cuaderno de los amigos de los Museos de Osuna*, nº25. Colegiata de Osuna, Osuna. Págs. 199-200.

[27]   Puerto, José Luis (2024). "Teófanes Egido: la marcha de un maestro". *Salamanca al Día*, España. [Disponible en: https://salamancartvaldia.es/noticia/2024-07-28-teofanes-egido-la-marcha-de-un-maestro-351410?rc=2. Última consulta: 2 de septiembre de 2024].

[28]   Puerto, José Luis (2020). "Nota del autor. Nombres de la mirada". *Nombres de la mirada. Reunión de poemas sobre arte (1987-2019)*. Calambur, Valencia. Pág. 21.

en ti en el reino del corazón, en ese territorio de la memoria al que solo se accede si sabemos impregnar con amor la belleza y la vida"[29]. De esta manera, nuestro camino recorrido por ámbitos geográficos, íntimos y estéticos y morales (lugares, estancias y moradas) del ciclo topográfico de la poesía de José Luis Puerto finaliza en la geografía del corazón, en aquellos campos perennes, cuyos límites ensanchan los márgenes de la muerte y brillan como brasas de la memoria.

María Sofía Urrutigoity de Heiremans
París - septiembre de 2024

Anexo

A continuación, a fin de ilustrar en *Google Maps* el recorrido trazado de los poemas del ciclo topográfico de la escritura de Puerto, se ofrece este código y su respectivo enlace que los dirigirán a una lista de *Google Maps* titulada "Poemas de sitios públicos de José Luis Puerto", donde se ubica cada poema en relación con el sitio concreto de carácter internacional y español mencionados:

1. Enlace: https://maps.app.goo.gl/PtQuc7GosNVu15EP6

2. Código QR:

---

[29] Puerto, *La madre de los aires*. Pág. 91.

Bibliografía

Alcalá Castilla, María (2023). "Rito y contemplación en *Ritual de la inocencia*, de José Luis Puerto". *Cuaderno de los amigos de los Museos de Osuna*, nº25. Colegiata de Osuna, Osuna. (Págs. 199-200).

Alcalá Castilla, María (2020). "Memoria, pensamiento y poesía en José Luis Puerto". *Memoria del jardín (Selección de poesía) (1977-2018)*. Ediciones Diputación de Salamanca, Salamanca. (Pág. 234-242)

Gamoneda, Antonio (1993). "Presentación". *Paisaje de invierno*. Mar adentro, Salamanca. (Págs. 9-10).

Martínez, José Enrique, (2020). "Introducción. Contemplación, emoción, meditación". *Nombres de la mirada. Reunión de poemas sobre arte (1987-2019)*. Calambur, Valencia. (Págs. 7-20).

Prieto de Paula, Ángel L. (2020). "Una cartografía del paraíso (Sobre la poesía de José Luis Puerto)". *Memoria del jardín (Selección de poesía) (1977-2018)*. Ediciones Diputación de Salamanca, Salamanca. (Págs. 9-21)

Puerto, José Luis (2024). "Teófanes Egido: la marcha de un maestro". *Salamanca al Día*, España. [Disponible en: https://salamancartvaldia.es/noticia/2024-07-28-teofanes-egido-la-marcha-de-un-maestro-351410?rc=2. Última consulta: 2 de septiembre de 2024].

Puerto, José Luis (2020). "Nota del autor. Nombres de la mirada". *Nombres de la mirada. Reunión de poemas sobre arte (1987-2019)*. Calambur, Valencia. (Pág. 21).

Puerto, José Luis (2012). "Otro modo de ver y leer las bienaventuranzas". [Disponible en https://www.youtube.com/watch?v=lMTEX7QEwPg. Última consulta: 2 de septiembre de 2024].

PRIMERAS EDICIONES DE LAS OBRAS

Relación de las ediciones originales de las obras del autor de las que aquí se selecciona algún texto:

- *El tiempo que nos teje*, 1982 (León, Institución Fray Bernardino de Sahagún (CSIC), Col. Provincia de Poesía, 62).
- *Un jardín al olvido*, 1987 (Madrid, Rialp, Col. Adonais, 440).
- *Las cordilleras del alba*, 1991 (prosas) (Salamanca, Amarú, Col. Mar adentro, 3).
- *Paisaje de invierno*, 1993 (Salamanca, Amarú, Col. Mar adentro, 7).
- *Estelas*, 1995 (Alicante, Aguaclara, Col. Anaquel Poesía, 41.)
- *Señales*, 1997 (Madrid, Col. Visor de Poesía, 379).
- *Las sílabas del mundo*, 1999 (Zaragoza, Prames, Col. Las Tres Sorores, 2).
- *Topografía de la herida*, 2021 (escrito entre 1999 y 2004) (León, Eolas, Col. Leteo, 26)
- *De la intemperie*, 2004 (Madrid, Calambur, Col. Poesía, 44)
- *Para invocar la memoria (Ofrenda)* (plaquette) (Logroño, Ed. del 4 de agosto, Col. Planeta Clandestino, 19).
- *Proteger las moradas*, 2008 (Madrid, Calambur, Col. Poesía, 83).
- *Trazar la salvaguarda*, 2012 (Madrid, Calambur, Col. Poesía, 133).
- *La casa del alma*, 2015 (prosas) (León, Eolas, Col. Eria).
- *La protección de lo invisible*, 2017 (Barcelona, Calambur, Col. Poesía, 159).
- *La madre de los aires*, 2021 (prosas) (Valladolid, Páramo, Valladolid).
- *Ritual de la inocencia*, 2023 (Madrid, Reino de Cordelia, Col. Los versos de Cordelia, 82).

ÍNDICE